新时期高等教育管理理论与策略研究

冯国华 ◎著

中国书籍出版社
China Book Press

图书在版编目 (CIP) 数据

新时期高等教育管理理论与策略研究 / 冯国华著.
北京 : 中国书籍出版社, 2024. 11. -- ISBN 978-7-5241-0104-8

Ⅰ. G640

中国国家版本馆 CIP 数据核字第 2024H0E117 号

新时期高等教育管理理论与策略研究

冯国华　著

丛书策划	谭　鹏　武　斌
责任编辑	李　新
责任印制	孙马飞　马　芝
封面设计	守正文化
出版发行	中国书籍出版社
地　　址	北京市丰台区三路居路 97 号（邮编：100073）
电　　话	（010）52257143（总编室）　（010）52257140（发行部）
电子邮箱	eo@chinabp.com.cn
经　　销	全国新华书店
印　　厂	三河市德贤弘印务有限公司
开　　本	710 毫米 × 1000 毫米　1/16
字　　数	234 千字
印　　张	14.75
版　　次	2025 年 5 月第 1 版
印　　次	2025 年 5 月第 1 次印刷
书　　号	ISBN 978-7-5241-0104-8
定　　价	98.00 元

版权所有　翻印必究

目 录

第一章 高等教育管理概述 ………………………………………… 1
  第一节 高等教育管理的内涵 …………………………………… 1
  第二节 高等教育管理的原则与方法 …………………………… 12
  第三节 高等教育管理的体制研究 ……………………………… 20
  第四节 领导力与管理之间的关系 ……………………………… 24
  第五节 领导力对管理者提出的要求 …………………………… 27

第二章 高等教育的教学管理研究 ……………………………… 32
  第一节 教学管理的内涵 ………………………………………… 32
  第二节 高等教育的学分制教学管理 …………………………… 43
  第三节 高等教育教学质量管理 ………………………………… 53

第三章 高等教育的科研管理研究 ……………………………… 66
  第一节 科研管理的内涵 ………………………………………… 66
  第二节 高等教育知识产权管理 ………………………………… 75
  第三节 高等教育科研活动管理 ………………………………… 86

第四章 高等教育的教师管理研究 ……………………………… 97
  第一节 教师管理的内涵 ………………………………………… 97
  第二节 大学教师管理的意义 …………………………………… 101
  第三节 大学教师的招聘管理与培训管理 ……………………… 104
  第四节 大学教师的薪酬管理与考核管理 ……………………… 120

第五章 高等教育的学生管理研究 …………………………………… 134

第一节 大学生的适应管理 …………………………………………… 134
第二节 大学生的学习管理 …………………………………………… 144
第三节 大学生的人际交往管理 ……………………………………… 154
第四节 大学生的情绪管理 …………………………………………… 162

第六章 高等教育的安全管理研究 …………………………………… 171

第一节 安全管理的内涵 ……………………………………………… 171
第二节 高校比较容易出现的安全问题 ……………………………… 184
第三节 大学生安全管理的策略 ……………………………………… 188

第七章 高等教育的就业、创业管理研究 …………………………… 192

第一节 就业、创业的内涵 …………………………………………… 192
第二节 大学生就业管理的策略 ……………………………………… 202
第三节 大学生创业管理的策略 ……………………………………… 213

参考文献 ………………………………………………………………… 227

第一章　高等教育管理概述

高等教育管理是教育管理的一个重要分支,涉及高等教育的各个方面,其目的是确保高等教育机构有效地实现其教育目标,提高教育质量,并为社会培养出高素质的人才。

第一节　高等教育管理的内涵

一、高等教育管理的概念

高等教育管理是指人们根据高等教育的目的和发展规律,有意识地协调高等教育系统内、外的各种关系和资源,运用一定的方法对高校活动进行组织、领导和控制,以便实现高效的人才培养,获得更好的发展。

二、高等教育管理的特点

高等教育管理的特点主要包括以下几方面。

(一)科学性

科学性是高等教育管理的重要特点。高等教育管理需要基于客观事实和科学规律,采用科学的方法和手段进行管理和决策。这主要体现在以下几方面。

(1)高等教育管理应该基于充分的数据和事实进行决策,避免主观臆断和经验主义。数据的收集、分析和利用应该遵循科学方法,确保决策的准确性和有效性。

(2)高等教育管理应该加强科研和管理人员的培训,提高他们的专业素养和管理能力,使他们能够更好地运用科学方法进行管理和决策。

(3)高等教育管理应该借鉴先进的管理理论和实践,如组织行为学、教育经济学、教育政策学等,结合实际情况进行应用和创新,提高管理水平和效率。

(4)高等教育管理应该建立科学评估机制,对教学质量、科研成果、社会服务等方面进行评估和监测,以客观反映学校的管理水平和办学效果,为改进管理和提高质量提供科学依据。

(二)专业性

高等教育管理需要专业的管理人员和队伍,他们需要具备相关的专业知识和技能,以及丰富的管理经验。

第一,高等教育管理人员需要具备相关的专业知识和技能,如管理学、教育学、心理学等。这些知识和技能可以帮助他们更好地理解学生的需求和管理要求,制订科学的管理策略和措施,提高管理水平和效率。

第二,高等教育管理人员需要具备丰富的管理经验,能够根据不同的情况和需求,灵活运用管理理论和方法,进行有效的管理和决策。

(三)阶段性

高等教育管理涉及学生从入学到毕业的整个过程,需要经过多个阶段的管理。例如,招生管理的重点是录取适合学校和专业的新生,目标是通过宣传、推广、选拔等方式,吸引优秀的学生报考学校,并确保录取学生的质量。相应的管理策略包括制订招生政策、宣传推广、组织面试、录取审核等。学生管理的重点是确保学生身心健康、遵守校规校纪、参与校园活动等方面,目标是营造良好的学习氛围和校园文化。相应的管理策略包括制订学生管理规定、组织校园活动、进行心理健康教育、违纪处理等。教学管理的重点是课程设置、教学计划、教学质量等方面,目标是提高教学质量和效果,培养优秀的人才。相应的管理策略包括制订

第一章 高等教育管理概述

教学大纲、组织教材建设、评估教师教学质量、改进教学方法等。科研管理的重点是组织科研项目、评估科研成果等方面,目标是提高学校的科研水平和竞争力。相应的管理策略包括组织科研项目申请、评估科研成果、管理科研团队、提供科研经费等。毕业就业管理的重点是帮助学生顺利完成毕业论文和答辩,并推荐毕业生就业。目标是提高毕业率和就业率,为学生的职业发展奠定基础。相应的管理策略包括组织毕业论文答辩、提供就业信息、推荐毕业生等。

在每个阶段的管理中,高等教育管理者需要制订相应的管理策略和措施,并确保管理的科学性、规范化和制度化,以提高管理水平和效率,实现高等教育的目标。

(四)服务性

高等教育管理的最终目的是学生的全面发展,为他们提供更好的服务。管理人员需要了解学生的需求和发展,包括他们的学习、生活、心理、职业等方面。管理人员可以通过多种途径获取学生的反馈,如问卷调查、个人交流、学生组织等,以便更好地理解学生的需求和问题。管理人员需要创造良好的学习和生活环境,让学生能够在舒适、安全、有意义的氛围中学习和生活。例如,可以提供丰富的课程和活动、良好的教学设施、安全的住宿环境等。高等教育管理应该提供个性化的服务,考虑学生的差异和特殊性。例如,对于学习困难的学生,可以提供辅导和指导;对于有特殊才能的学生,可以提供个性化的课程和培养计划。高等教育管理还应该关心学生的职业发展和未来发展,提供就业指导、职业规划、创业支持等服务。例如,可以组织职业规划讲座、招聘会、实习机会等,帮助学生了解职业市场和规划自己的未来发展。

三、高等教育管理的重要性

高等教育管理的重要性主要体现在以下几个方面。

(一)培养优秀人才

高等教育管理的核心目标是培养高素质的人才,通过科学合理的管理手段,可以确保教育资源的合理配置,提高教育活动的效率,从而提升教育质量,培养出具有创新精神和实践能力的高素质人才,为社会作出重要贡献。

(二)推动科研发展

有效的管理可以整合科研资源,提高科研效率,推动科研的进步和创新。通过制订科研政策、引导和支持科研活动,可以促进科研成果的产出和转化,推动科学技术的发展和社会的进步。

(三)服务社会需求

高等教育机构作为社会的重要组成部分,承担着服务社会的责任。通过有效的管理,高等教育机构可以更好地满足社会需求,提供高质量的教育和培训服务,同时也可以通过科研成果的转化和应用,推动社会的发展和进步。

(四)保障教育公平

高等教育管理在保障教育公平方面发挥着至关重要的作用。教育公平是社会公平的重要体现,它关系到每个人接受教育的权利和机会。通过科学合理的管理手段,高等教育机构可以确保教育资源的公平分配,减少教育不公的现象,让每个人都能享受到高质量的教育。

(五)提升学校竞争力

随着高等教育的发展和市场竞争的加剧,高校的竞争力成为重要的议题。高校的竞争力不仅关系到自身的生存和发展,还影响着整个高等教育系统的质量和声誉。因此,有效的管理对于提升高校竞争力至关重要。

首先,优化资源配置是提升高校竞争力的基础。高校需要合理分配有限的资源,包括人力、财力、物力等,使其发挥最大的效益。通过科学的管理手段,高校可以优化教师资源的配置,提高教学和科研的效率。

同时,合理利用财务资源,确保资金的有效利用,避免浪费和不必要的开支。

其次,提高教育质量是提升高校竞争力的核心。教育质量是高校的生命线,只有提供优质的教育服务,才能吸引更多的学生和资源。高校应该注重课程设置的合理性、教学方法的先进性、实践教学的重要性等方面,提高学生的综合素质和创新能力。同时,加强教学质量监控和评估,及时发现和改进教学中存在的问题,提高教育质量。

最后,加强品牌建设是提升高校竞争力的关键。品牌是高校的象征和标志,一个优秀的品牌可以增加高校的知名度和美誉度,吸引更多的优秀学生和资源。高校应该注重自身的品牌建设,通过加强宣传、提高教学质量、开展特色学科建设等方式,树立良好的形象和口碑。

此外,高校还需要关注市场需求和外部环境的变化,及时调整自身的战略和定位。通过深入了解市场需求和行业趋势,高校可以制订有针对性的发展战略,培养出符合社会需求的高素质人才。同时,加强与政府、企业和社会各界的合作与交流,提高自身的社会影响力。

四、高等教育管理的指导思想

高等教育管理的指导思想主要包括以下几方面。

(一)马克思主义理论

马克思主义理论在高等教育管理工作中的指导地位是不可动摇的。高等教育管理要以马克思主义理论为指导。马克思主义理论是我们党经过长期实践检验的正确理论体系,是中国共产党人的行动指南。高等教育管理工作要以马克思主义理论为指导,才能保证学生管理工作的正确方向。然而,目前我国各大高校在应用马克思理论思想指导教育管理工作时存在一些问题。这些问题包括对马克思主义理论的认识不够深入、应用不够科学、与实际结合不够紧密等。这些问题制约了马克思主义理论在高等教育管理工作中的作用和效果。因此,高校应提高马克思主义理论在教育管理工作中的应用水平,使其更好地服务于学生的成长成才。

（二）国家的方针政策

高等教育管理要以国家的方针政策为指导，这是由国家的方针政策的性质和内容所决定的。国家的方针政策是国家对于教育、文化、科技、经济、社会等各个领域的发展方向、目标、任务和政策措施的总概括，具有全局性、长远性和指导性。高等教育管理要以国家的方针政策为指导，才能确保学生管理工作的方向正确、任务明确、措施得力，才能更好地适应国家经济社会发展的需要。

以教育方针为例，教育方针是国家对于教育事业的发展方向、目标、任务和政策措施的总概括，高等教育管理要以教育方针为指导，才能使学生管理工作更好地服务于教育目的，更好地符合教育任务，更好地遵循教育途径和方法。

此外，国家的方针政策也会随着时代的变化而不断调整和完善。高等教育管理要及时掌握国家的方针政策动态，使学生管理工作能够与时俱进，适应国家经济社会发展的需要。

（三）现代管理科学理论

现代管理科学理论强调以人为本、以顾客为中心的管理理念，注重通过科学的方法和技术，提高组织的效率和绩效。在高等教育管理工作中，现代管理科学理论提倡注重学生的全面发展，注重学生的个性化需求和差异化发展，从而有效促进学生的成长成才。同时，现代管理科学理论也强调管理的科学化、规范化、标准化和精细化，注重运用现代信息技术和数据分析方法，提高管理效率和精准度。在高等教育管理工作中，现代管理科学理论的应用可以帮助管理人员更加科学、客观、全面地掌握学生的实际情况，这对于管理工作的顺利开展和取得实效具有重要的意义。

（四）高等教育和人才成长规律

高等教育和人才成长规律是指在高等教育和人才成长过程中，学生的身心发展规律、教育教学规律、社会需求规律等方面的规律。高等教育管理要以高等教育和人才成长规律为指导,才能使学生管理工作更好地符合学生的身心发展规律,更好地遵循教育教学规律。

以学生身心发展规律为例,它是指学生在成长过程中,身心各方面发展的顺序、速度、比例和方式等方面的规律。高等教育管理要以学生身心发展规律为指导,才能确保学生管理工作符合学生的身心发展规律,避免管理工作的过度干预或干预不足,从而保证学生身心健康发展。

以教育教学规律为例,它是指教育教学过程中所涉及的诸多因素之间的关系和作用方式。高等教育管理要以教育教学规律为指导,才能使学生管理工作更好地符合教育教学规律,注重教育质量和效果,避免管理工作的盲目性和随意性。

以社会需求规律为例,社会需求规律是指社会对于人才的需求方向、需求数量、需求质量等方面的规律。高等教育管理要以社会需求规律为指导,才能使学生管理工作更好地符合社会需求规律,注重人才培养的质量和适应性,避免管理工作的滞后性和错位性。

(五)已有的高等教育管理经验

以已有的高等教育管理经验为指导,能够有效推动高等教育管理工作的顺利开展并获得良好的成果。其原因包括以下几方面。

第一,经验丰富的管理者和工作人员已经总结出了许多行之有效的管理方法和经验,可以帮助高校在学生管理工作上少走弯路。

第二,已有的高等教育管理经验已经被广泛应用和证明是行之有效的,可以减少工作中不必要的错误和失误,提高工作效率和质量。

第三,参考已有的高等教育管理经验,可以为高校提供成功的管理案例和经验,可以使高校在学生管理工作中获得更好的成绩和口碑。

五、高等教育管理的挑战

当前,我国高等教育管理面临着一系列的挑战,主要包括以下几个方面。

（一）教育国际化挑战

随着经济全球化的深入发展,教育国际化的趋势日益明显。高等教育机构面临着吸引和培养具有国际视野和跨文化交流能力的人才的挑战。如何提高教育国际化水平,提升高等教育的国际竞争力,是高等教育管理需要应对的重要课题。

（二）教育信息化挑战

信息技术的发展正在深刻地改变着教育形态。高等教育管理需要积极应对教育信息化的挑战,推动信息技术与高等教育的深度融合,提高教育教学的效率和质量。如何利用信息技术创新教育模式,满足学生的学习需求,是高等教育管理面临的又一重要课题。

（三）教育公平性挑战

教育公平是社会公平的重要基础。高等教育管理需要关注教育公平问题,努力消除地域、贫富、性别等方面的教育差距,提高教育资源的配置效率和公平性。如何实现教育资源的均衡配置,保障每个学生的受教育权利,是高等教育管理面临的紧迫任务。

（四）教育教学质量挑战

随着高等教育的普及化,教育教学质量问题日益凸显。高等教育管理需要加强教学质量监控和评估,完善教学质量保障体系,提高教师的专业素养和教学能力。如何保证教育教学质量,培养出符合社会需求的高素质人才,是高等教育管理的重要使命。

（五）科研创新能力挑战

科研创新能力是高校综合实力的重要体现。高等教育管理需要加强科研创新平台建设,推动产学研用深度融合,提高科研成果的转化率

第一章　高等教育管理概述

和创新性。如何激发科研创新活力,提升高校的科研水平和创新能力,是高等教育管理面临的长期任务。

六、高等教育管理的发展趋势

高等教育管理的发展趋势主要包括以下几方面。

(一)法制化

随着法制建设的不断完善,高等教育管理工作法制化也是必然的趋势。遵守国家法律法规,制订符合法律法规和学校实际情况的管理制度,既是对学生权益的保障,也是对学校稳定和安全的维护。

首先,学校应该严格遵守国家法律法规,确保管理工作的合法性和规范性。这包括遵守教育法、高等教育法、教师法等相关法律法规,尊重学生的权利,保护学生的合法权益,避免任何形式的侵权行为。

其次,学校应该制订符合国家法律法规和学校实际情况的管理制度。管理制度应该明确规定学校的管理目标、管理程序、管理责任等方面,确保管理工作的有序进行。同时,管理制度应该充分考虑学生的利益和诉求,尊重学生的参与权和表达权,避免管理制度的片面性和不合理性。

再次,学校应该加强管理人员的法制意识和能力。管理人员应该充分了解国家法律法规和学校的管理制度,明确自己的管理职责和权限,确保管理工作的合法、公正和透明。同时,管理人员还应该具备处理突发事件和应对复杂问题的能力,保障学校的安全和稳定。

最后,学校应该建立健全的监督机制和问责制度。监督机制可以确保管理工作的规范性和有效性,及时发现和纠正管理中的问题。问责制度则可以明确管理人员的责任和义务,对违规行为进行严肃处理,维护学校的形象和声誉。

(二)网络化

随着互联网的普及,高等教育管理工作网络化已经成为一种必然趋势。网络化管理为学生提供了更加便捷、高效的服务,也为学校管理工作带来了新的挑战和机遇。

首先,学校应该加强网络平台的建设和管理,为学生提供更加全面、准确的信息服务。学生通过网络平台获取学校通知、资讯、活动信息等,学校的网络平台应该确保信息的及时更新和准确性,避免信息误导或造成不必要的困扰。同时,学校还应该加强对网络平台的监管和维护,确保平台的安全性和稳定性。

其次,学校应该加强网络交流和互动,促进师生之间的沟通和合作。通过网络平台,学生可以随时与老师、同学进行交流和互动,参与学校的各种活动和讨论。通过这些网络交流和互动,能够很好地培养学生的网络素养和沟通能力。同时,学校还应该关注学生的网络行为和言论,避免不良信息的传播和影响。

再次,学校应该提高网络化管理的效率和质量。通过网络化管理,可以大大提高管理工作的效率和质量,例如在线选课、在线报名、在线评价等。学校应该积极推广和应用网络化管理,提高管理工作的便捷性和智能化水平。同时,学校还应该加强对管理人员的培训和技术支持,确保网络化管理的顺利进行。

最后,学校应该注重网络化管理的规范性和隐私保护。网络化管理需要遵守国家法律法规和学校的管理制度,确保管理工作的规范性和合法性。同时,学校还应该注重保护学生的隐私,避免学生个人信息的泄露和滥用。

(三)多元化

随着社会的多元化发展,高校学生的思想观念、价值观念和行为方式也呈现出多元化的特点。为了更好地适应这一趋势,高等教育管理工作确实需要更加开放、包容和多元。

首先,学校应该尊重学生的个性和差异,采用个性化的教育和管理方式。每个学生都有自己的特点和优势,学校应该根据学生的不同需求和特点,提供多样化的教育服务,帮助学生发掘自己的潜力和特长。同时,学校还应该注重培养学生的自主性和创造性,鼓励学生自主选择和探索,发挥自己的主观能动性。

其次,学校应该采用包容性的管理方式,尊重学生的多元文化和多样性。随着全球化的加速和人口流动性的增加,学生来自不同的文化背景和社会环境,他们的思想观念和行为方式也存在差异。学校应该尊重和接纳学生的不同文化和价值观,促进不同文化之间的交流和融合,培养学生的跨文化交流能力和文化素养。

再次,学校应该注重培养学生的社会责任感和公民意识。在多元化社会中,学生需要具备社会责任感和公民意识,关注社会问题和发展,积极参与社会建设和社会服务。学校可以通过开展社会实践、志愿服务等活动,引导学生关注社会问题,积极参与社会服务,培养学生的社会责任感和公民意识。

最后,学校应该加强管理人员的多元文化意识和能力。管理人员应该了解和尊重不同文化背景和社会环境下的学生需求和特点,具备处理多元文化冲突和矛盾的能力。同时,管理人员还应该不断更新自己的管理理念和方法,提高管理工作的科学性和有效性。

(四)数字化

随着信息技术的发展,高等教育管理工作数字化已经成为一种必然趋势。数字化技术为高等教育管理工作提供了新的手段和工具,使得管理工作更加高效、精准和智能化。

首先,大数据分析技术的应用,可以帮助学校更好地了解学生需求和行为。通过对大量数据的收集和分析,学校可以深入挖掘学生的兴趣、特长和需求,为个性化教育提供支持。同时,大数据分析还可以帮助学校预测学生可能遇到的问题和困难,提前采取措施进行干预和帮助。

其次,人工智能技术的应用,可以提高学生管理工作的自动化和智能化水平。例如,利用人工智能技术进行排课、选课、成绩管理等,可以大大减轻管理人员的工作负担,提高工作效率。同时,人工智能技术还可以通过智能问答、智能推荐等方式,为学生提供更加便捷、智能的服务。

最后,数字化技术还可以促进学校与社会的互动和合作。通过数字化平台的建设,学校可以更加便捷地与社会企业、机构等进行交流和合作,共同推动"产学研用"的深度融合,提高学生的实践能力和就业竞争力。

第二节　高等教育管理的原则与方法

一、高等教育管理的原则

高等教育管理的原则主要包括以下几个方面。

（一）学术管理与行政管理相结合的原则

学术研究是高等教育机构的核心任务之一，学术成果的产出和质量直接关系到学校的发展和社会声誉。因此，高等教育管理需要尊重学术规律，为学术研究提供良好的环境和条件，鼓励教师进行创新性的学术研究，提高学术水平。

行政管理涉及学校的日常运行和管理，包括学生管理、教职工管理、财务管理等方面。行政管理的目的是保证学校的正常运行，提高管理效率，为学术研究提供必要的支持和保障。

在高等教育管理中，学术管理与行政管理是相辅相成的。学术管理为行政管理提供理论支持和指导，行政管理则为学术管理提供必要的资源和保障。因此，将学术管理与行政管理相结合，可以更好地协调学术与行政的关系，促进学校的发展。

具体来说，将学术管理与行政管理相结合，需要从以下几个方面入手。

1. 建立完善的组织架构

学校应该建立完善的组织架构，明确各个部门和人员的职责和权力，保证学校的正常运行和管理效率。同时，组织架构应该有利于学术与行政的沟通和协作，促进双方之间的交流和合作。

第一章 高等教育管理概述

2.制订科学的管理制度

学校应该制订科学的管理制度,包括学术评价制度、人事管理制度、财务管理制度等,以保证管理的规范化和有效性。管理制度应该充分考虑学术与行政的需求和特点,保证双方的利益和发展。

3.加强学术与行政的沟通和协作

学校应该加强学术与行政的沟通和协作,促进双方之间的了解和信任。通过沟通和协作,可以更好地协调学术与行政的关系,解决管理中的问题和矛盾。

4.提高管理人员的素质和能力

管理人员是高等教育管理的重要力量,他们的素质和能力直接影响着管理工作的质量和效果。因此,学校应该加强管理人员的培训和技术支持,提高他们的专业素养和能力水平,以适应不断变化的管理环境和管理要求。

(二)自主发展与适应社会相结合的原则

在高等教育管理中,既要注重自主发展,又要适应社会需求,这是管理工作的基本要求。

自主发展是指学校在发展过程中要充分考虑自身的特点和实际情况,制订符合自身特点的发展规划。每个学校都有自己的历史、文化、传统和优势,因此在制订发展规划时,要充分挖掘自身的潜力和优势,发挥自身的特色和特长,不断提高自身的核心竞争力和社会影响力。

适应社会需求是指学校在发展过程中要关注社会的需求和发展趋势,加强与社会各界的联系和合作,以更好地服务社会和经济。随着社会的发展和经济的转型,社会对人才的需求也在不断变化。学校要紧跟时代的步伐,及时了解社会的需求和变化,调整专业设置、课程安排和教学方式,培养符合社会需求的高素质人才。

为了更好地适应社会需求，高等教育管理需要采取一系列措施。首先，要加强与社会各界的联系和合作，建立广泛的合作网络和平台，了解社会的需求和变化，为学校的发展提供有力的支持。其次，要加强与企业的合作，推动"产学研用"一体化，提高学校的科技创新能力和社会服务能力。最后，还要加强与政府、行业协会等组织的合作，积极参与社会公共事务和政策制订，为社会发展作出贡献。

（三）目标管理与过程管理相结合的原则

在高等教育管理中，目标管理和过程管理是两个重要的管理理念和方法。目标管理强调结果导向，注重目标的制订和实现；而过程管理则强调过程控制和持续改进，注重管理过程中的细节和质量。因此，高等教育管理需要将目标管理与过程管理相结合，以确保目标的实现和各项工作的顺利进行。

首先，目标管理在高等教育管理中具有重要的作用。高等教育的目标是培养高素质的人才，为社会和经济发展作出贡献。因此，学校需要制订明确、具体、可衡量的目标，并以此为导向，开展各项教育教学和管理活动。其次，目标管理还有利于提高学校的绩效和管理水平，增强学校的竞争力和社会影响力。

然而，只注重目标管理是不够的。在实现目标的过程中，需要注重过程管理，加强过程控制和持续改进。过程管理可以帮助学校更好地掌握各项工作的进展情况，及时发现和解决问题，保证工作的质量和效率。同时，过程管理还有利于促进教职工之间的协作和配合，增强团队的凝聚力和向心力。

为了实现目标管理和过程管理的有机结合，高等教育管理需要采取一系列措施。首先，要制订科学、合理、可行的目标体系，明确各项目标的具体要求和时间节点。其次，要加强过程管理和监控，及时掌握各项工作的进展情况，确保工作质量和效率。最后，还要注重教职工的培训和管理，提高他们的专业素养和工作能力。

（四）整体优化与特色发展相结合的原则

高等教育管理在实践中需要注重整体优化和特色发展两个重要方面。整体优化要求学校在各个方面都要协调发展，实现资源的合理配置和有效利用，提高学校的整体效益和竞争力。特色发展则要求学校在某些方面要有自己的优势和特色，形成独特的品牌和形象，增强学校的特色竞争力和社会影响力。

整体优化和特色发展是相辅相成的。整体优化是特色发展的基础和前提，只有在学校整体协调发展的基础上，才能更好地发挥特色和优势。而特色发展则是整体优化的重要体现和标志，通过特色发展可以进一步提高学校的整体水平和竞争力。

为了实现整体优化和特色发展的有机结合，高等教育管理需要采取一系列措施。

首先，要制订科学的发展规划和战略，明确学校的发展目标和方向，确保学校的整体协调发展。同时，还要注重挖掘和发挥学校的特色和优势，制订相应的政策和措施，推动学校的特色发展。

其次，要加强学科建设和师资队伍建设，提高学校的科研水平和创新能力。只有具备高水平的学科和师资队伍，才能更好地推动学校的整体优化和特色发展。

最后，还要加强与社会各界的联系和合作，拓宽学校的办学资源和渠道。通过与社会各界的合作，可以更好地了解社会的需求和变化，增强学校的服务能力和社会影响力。

（五）法治管理与人性化管理相结合的原则

在高等教育管理中，法治管理和人性化管理是两个核心的管理理念。法治管理强调依法治校，通过制订和执行严格的规章制度，保障学校的秩序和师生的权益。而人性化管理则强调以人为本，关注师生的情感、需求和发展，促进师生的全面成长。

法治管理是高等教育管理的基础和保障。学校作为一个教育机构，需要有一套完善的规章制度来规范师生的行为，维护学校的正常秩序。通过依法治校，可以有效地保障师生的权益，防止各种违规行为的发生,提高学校的治理水平。

然而,只注重法治管理是不够的。在高等教育管理中,还需要注重人性化管理。师生是学校的主人翁,他们的情感、需求和发展直接影响着学校的发展和进步。因此,学校需要关注师生的情感状态、成长需求和发展目标,通过人性化的管理方式,激发师生的积极性和创造力,促进师生的全面成长。

为了实现法治管理与人性化管理的有机结合,高等教育管理需要采取一系列措施。

首先,要制订科学、合理、可行的规章制度,明确师生的权利和义务,规范师生的行为。同时,还要加强规章制度的宣传和培训,让师生充分了解和掌握规章制度的内容和要求。

其次,要加强师生情感关怀和管理,关注师生的情感状态和发展需求,建立师生情感沟通机制,及时解决师生在情感和发展方面的问题。

最后,还要加强师生参与学校管理的工作,鼓励师生为学校的发展建言献策,增强师生的归属感和责任感。

二、高等教育管理的方法

高等教育管理的方法主要包括以下几方面。

(一)奖励激励

奖励激励是高等教育管理中的一种重要方法,它可以有效地激发学生的学习动力和参与度。通过奖励激励,可以调动学生的自我学习积极性,促进其主动参与到各种学习活动中,从而提高学习效果。

奖励激励可以包括给予学习成果的奖励、为学习目标设定明确的奖励措施等方式。例如,可以设立奖学金、助学金等,对在学习中表现优秀的学生给予奖励,或者通过开展各种竞赛活动,激发学生的参与热情。此外,提供实习、实践等机会,让学生可以将所学知识运用到实际中,同时增强其综合素质和就业竞争力。

第一章　高等教育管理概述

(二) 纪律处分

纪律处分在高等教育管理中占据着不可替代的位置。一个健全、公正、透明的纪律管理制度不仅有助于维护学校的正常秩序,更是对学生个体权益的有力保障。

首先,为了确保纪律处分的公正性和有效性,学校需要制订清晰明确的纪律规定。这些规定应该覆盖学生在校期间可能遇到的各类行为问题,并详细列出哪些行为是违法、违规或违纪的。对于每种行为,应明确对应的处分种类和处分程度,以确保在需要实施纪律处分时,有明确的依据和标准。

其次,当学生出现违反纪律规定的行为时,学校应当及时进行调查,并给予相应的纪律处分。这个过程必须基于充分的证据和明确的依据,确保处分的合理性和公正性。同时,学校应当尊重学生的合法权益,确保他们在受到处分前有充分的陈述和辩护的机会。

再次,学校在制订纪律规定和实施纪律处分时,应当充分考虑到学生的年龄、认知能力、行为性质和过错程度等因素。对于不同的情况,应当给予适当的处分,既不能过轻也不能过重。这样既能有效地纠正学生的错误行为,又能维护他们的尊严和权益。

最后,学校应当建立健全的监督机制和救济机制,以确保纪律处分的公正性和合理性。对于学生认为不公正或过重的处分,应当提供申诉的机会,并确保申诉的及时处理和公正解决。同时,学校应当定期对纪律处分的相关制度进行审查和更新,以确保其始终能反映学校的教育理念和社会的发展变化。

(三) 网络舆情管理

在实施网络舆情管理时,应当注意以下几点。

1. 加强网络信息管理

学校应当加强网络信息管理,建立健全的网络信息管理制度和规范,对学生在网络上发表的言论和表达的观点进行审核和管理,防止不良信息的传播和扩散。

2. 建立网络舆情监测机制

一定要高度重视大学生在网络上发表的言论和表达的观点,因为大学生是国之未来,他们的茁壮成长关系到国家的大繁荣、大发展,关系到中华民族的伟大复兴。学校可以建立专门的网站,让大学生关注学校官方网站,通过多种渠道了解学生的所思所想,还可以让学生提出宝贵的意见和建议。学校也可以针对学生热衷于网络交流的特点,建立专门的论坛,让学生自由发言,看到学生有不良的苗头,及时把问题消灭在萌芽状态。

3. 引导学生正确使用网络

学校应当引导学生正确使用网络,教育学生遵守网络道德规范,不传播不良信息,不参与网络暴力和欺诈行为,保护自己的合法权益和安全稳定。

4. 增强学生的网络素养

学校应当增强学生的网络素养,培养学生正确使用网络的能力和习惯,引导学生理性对待网络舆情,增强对网络信息的甄别和判断能力。

5. 加强与家长的沟通

学校应当加强与家长的沟通,了解学生在家庭生活中的情况和需求,引导家长关注学生的网络使用情况,形成家校合作的良好氛围。

(四)社会实践活动

社会实践活动是高等教育管理的重要方法之一。通过社会实践活动,学生可以更好地了解社会、拓展视野、增强实践能力,同时也有助于提升高等教育管理的效果和质量。

第一章　高等教育管理概述

社会实践活动可以采取多种形式,如社会调查、志愿服务、实习实训、创新创业等。这些活动可以帮助学生将所学知识与实际相结合,提高其综合素质和实践能力,同时也可以培养学生的社会责任感和团队协作精神。

在高等教育管理中,学校应该重视社会实践活动的作用,积极引导学生参与其中。可以通过制订相关政策、提供实践平台、加强指导和管理等方式来促进社会实践活动的开展。同时,学校也应该加强对社会实践活动的评估和反馈,不断完善和改进实践活动的效果和质量。

（五）心理健康教育与咨询

随着社会压力的增大和竞争的加剧,学生面临着越来越多的心理压力和挑战。因此,心理健康教育与咨询工作在高等教育管理中显得尤为重要。通过提供专业的心理咨询和心理辅导,能够帮助学生解决心理问题、增强心理素质、提高心理适应能力,从而更好地应对生活中的挑战和压力。

具体来说,心理健康教育与咨询的方法包括开设心理健康教育课程、提供个体和团体心理咨询、开展心理健康活动等。学校应该积极推广心理健康教育,加强心理咨询服务,建立完善的心理健康教育体系,为学生提供全方位的心理支持和帮助。

此外,学校还应该加强对心理健康教育的宣传和推广,提高学生对心理健康的认识和理解。可以通过举办讲座、开展宣传活动、提供在线咨询等方式,为学生提供更多的心理支持和帮助。

（六）突发事件应急管理

在高校环境中,由于人员密集、流动性大等特点,突发事件如火灾、疫情、社会安全事件等一旦发生危害极大,可能对学生的人身安全、教学秩序和校园稳定造成威胁。因此,高校需要建立完善的应急管理体系,提高应急管理能力,以应对各种突发事件。

针对突发事件应急管理,高校应该采取多种方法来加强管理。

首先,制订详细的应急预案是必不可少的。应急预案应该包括应对各种可能发生的突发事件的流程、措施和责任人,以便在事件发生时能够迅速响应。此外,预案应该定期进行演练和修订,以确保其在实际应用中的有效性。

其次,高校应该加强应急宣传教育。通过开展应急知识宣传活动、开设应急课程、组织应急演练等形式,提高学生的安全意识和应对突发事件的能力。同时,加强对应急管理人员的培训和管理,提高其专业素质和应对能力。

再次,高校应该建立健全的应急管理机制。包括建立应急指挥中心、完善信息报告系统、加强与外部救援力量的联系等,以提高应对突发事件的效率和效果。同时,加强应急管理的监督和评估,及时发现和改进管理中的不足和漏洞。

最后,高校应该加强与政府、社会各方面的合作,共同应对突发事件。政府和社会各方面可以提供必要的资源和支持,帮助高校更好地应对突发事件,维护校园稳定和安全。

第三节 高等教育管理的体制研究

一、高等教育管理体制的概念

高等教育管理体制是指高等教育管理的组织制度和管理方式,它规定了高校与政府、社会之间的关系,以及高校内部各机构之间的相互关系。

二、高等教育管理体制的类型

概括来说,高等教育管理体制的类型主要包括以下几方面。

(一)政府主导型

这种类型的高等教育管理体制以政府为主要管理者,政府对高校的管理权力较大,高校自主权相对较小。政府负责制订高等教育政策、管理高校办学资源、评估高校教学质量等。这种体制的优势在于能够保证高等教育的质量和稳定性，但也可能限制高校的自主性和创新性。

（二）高校自主型

这种类型的高等教育管理体制以高校为主要管理者，高校拥有较大的自主权，可以根据市场需求和自身特点自主制订办学方针、设置专业、招生计划等。这种体制的优势在于能够激发高校的自主性和创新性，但也可能存在教学质量不稳定、资源分配不均等问题。

（三）合作型

这种类型的高等教育管理体制强调政府、高校和社会之间的合作，共同参与高等教育的管理和决策。这种体制能够综合政府和高校的优势，既保证高等教育的质量和稳定性，又能激发高校的自主性和创新性。合作型体制需要政府、高校和社会之间的良好沟通和协作，实现资源的有效配置和共享。

三、高等教育管理体制的功能

（一）权力分配的功能

高等教育管理体系的核心在于处理中央和地方的关系，以及教育行政部门与学校之间的关系。这些关系错综复杂，背后涉及的主要是权力和利益的分配与调整。中央与地方的关系决定了高等教育资源的配置方式和方向，而教育行政部门与学校之间的关系则决定了高等教育政策的制订和实施。

在中央和地方的关系中，中央政府通常负责制订高等教育的发展战略和宏观政策，而地方政府则负责具体执行这些政策和进行资源的分配。这种分权化的管理方式有利于发挥地方政府在高等教育发展中的积极作用，同时也能够保证中央政府对高等教育发展的总体把控。

教育行政部门与学校之间的关系则涉及更多的利益纠葛。教育行政部门通常是政策的制订者,负责制订高等教育的发展规划、质量标准等,而学校则是政策的执行者,负责具体的教学、科研和社会服务工作。在这种关系中,如何明确各自的权利和责任,防止权力的滥用和利益的冲突,是管理体制需要解决的重要问题。

为了解决这些问题,高等教育管理体系需要建立一套完善的规则和机制。这些规则和机制应该明确各方在教育活动中的权利和责任,规定各方应该遵循的行为准则和工作程序。同时,还需要建立有效的监督机制,对各方的工作进行评估和监督,及时纠正偏差和问题。

(二)分工协作的功能

在高等教育管理体制中,各项任务的划分至关重要。按照性质、范围、时段等标准,高等教育管理体制需要明确各个部门和岗位的职责与权利,确保每个部门和人员都能够清楚自己的工作内容和责任。这种明确的分工能够避免职责重叠或空白的情况,使每个部门和人员都能够专注于自己的核心工作,提高工作效率和质量。

分工明确是高等教育管理体制的基础,但仅有分工还不够,还需要各个部门和人员之间进行有效的协作。协作是保证高等教育管理工作顺畅运转的关键,它能够让各个部门和人员形成合力,共同应对高等教育面临的挑战和问题。通过互相支持和配合,可以弥补各自的不足,共同推动高等教育质量的稳步提高。

为了实现有效的协作,需要建立起有效的沟通机制。沟通是促进各个部门和人员之间信息共享和交流的桥梁,能够避免信息不对称和重复工作的情况出现。通过及时、准确的信息传递,可以减少不必要的误解和冲突,提高工作效率。同时,有效的沟通还能够增强组织凝聚力和竞争力,使高等教育管理体制更加灵活、高效。

(三)提高效率的功能

在高等教育管理体制中,提高效率的方法多种多样。

第一,优化管理流程和程序是提高效率的重要手段。通过对现有的管理流程进行全面审查和评估,找出其中不必要或重复的环节,进行简化或整合,可以提高管理工作的效率和质量。例如,通过精简审批流程、优化信息传递路径等方式,可以减少管理过程中的时间和人力浪费。

第二,借助现代化的信息技术手段,如数字化校园、智慧校园等,可以大大提高管理信息的收集、处理和反馈效率。通过建立信息化管理系统,可以实现数据的实时更新和共享,减少信息传递的延误和误差。同时,利用数据分析工具,可以对管理数据进行深入挖掘和利用,为决策提供更加科学和准确的数据支持。

第三,制订科学合理的管理制度和规范也是提高效率的关键措施。通过明确各项工作的职责和流程,可以确保每个部门和人员都能够按照统一的标准和要求进行工作,避免出现职责不清或工作重复的情况。同时,合理的管理制度和规范也可以降低管理成本,提高管理效率。

第四,加强人员培训和管理也是提高效率的重要途径。通过定期开展培训和交流活动,可以提高管理人员的专业素质和管理能力,使他们能够更好地应对复杂的管理问题。同时,建立健全的人员激励机制和考核制度,可以激发管理人员的工作积极性和创造力,进一步提高管理效率。

第五,注重反馈和评估也是提高效率的重要手段。通过及时发现和解决问题,可以不断优化和改进管理流程和方法。同时,定期对管理工作进行评估和总结,可以积累经验教训,为未来的管理工作提供有益的参考和借鉴。

四、高等教育管理体制的改革与创新

随着社会经济的发展和高等教育的改革,高等教育管理体制也需要不断进行改革和创新。以下是几个方面的改革和创新趋势。

(一)扩大高校自主权

为了激发高校的创新活力,提高高等教育质量和效益,需要扩大高校的自主权。高校自主权包括学科专业设置、教学质量评估、招生计划制订等方面。政府需要制订相应的政策和法规,规范高校的自主权,避免出现无序竞争和资源浪费的情况。

(二)建立多元化评价体系

目前,我国高等教育管理体制的评价体系较为单一,主要以政府评价为主。为了促进高等教育的多元化发展,需要建立多元化的评价体系,包括政府评价、社会评价、学术评价等多个方面。通过多元化的评价体系,可以更加全面地反映高等教育的质量和效益,为政府和高校提供更加准确和全面的决策依据。

(三)加强社会参与

社会参与是高等教育管理体制的重要组成部分,也是促进高等教育与社会联系和互动的重要途径。政府需要制订相应的政策和法规,鼓励和支持企业、行业、社会团体等组织参与高等教育的管理和办学活动。同时,高校也需要积极寻求社会参与,通过合作办学、社会捐赠等多种方式获得更多的资源和支持。

(四)推进信息化管理

随着信息技术的发展,信息化管理已经成为高等教育管理的重要趋势。通过建立信息化管理系统,可以实现高校内部管理流程的优化和重组,提高管理效率和质量。同时,信息化管理也可以加强高校之间的信息共享和交流,促进高等教育的合作与共同发展。

第四节 领导力与管理之间的关系

领导力与管理,看似是两个截然不同的概念,但它们之间却有着密不可分的关系。一个组织的成功与否,往往取决于领导力与管理的有效结合。

第一章 高等教育管理概述

一、领导力与管理概述

领导力是指在组织中引导和影响个体或团队达到预定目标的能力。它涉及激发人们的潜力，制订愿景，推动变革以及在困难面前展现坚定信念的能力。管理则是确保组织运行顺畅，通过计划、组织、指导、控制等手段实现目标的过程。

二、领导力与管理的关系

领导力与管理在组织中各自扮演着重要的角色，但它们并不是孤立存在的。领导力与管理之间存在密切的联系，它们相互影响、相互促进，共同推动组织的成功。

（一）领导力与管理是互补的

领导力主要关注的是组织的战略方向和愿景的设定。一个好的领导者需要具备远见卓识，能够为组织设定明确、可实现的目标和愿景。这不仅需要深入了解市场、竞争和业务环境，还需要对组织的使命、价值观和优势有深刻的认识。通过设定清晰的愿景和目标，领导者能够激发员工的积极性和创造力，推动组织不断向前发展。

领导力还涉及激发人们的潜力。一个好的领导者应该了解如何激发员工的潜力，使他们感到受到重视和支持，并帮助他们发展自己的技能和才能。这需要领导者具备出色的人际交往能力，能够建立良好的关系，与员工进行有效的沟通和互动。通过激发员工的潜力，领导者能够帮助组织应对挑战、抓住机遇，实现更好的绩效和成果。

领导力还要求在困难面前展现坚定的信念和决心。面对挑战和困难时，领导者应该能够保持冷静、坚定，并为员工提供支持和鼓励。他们应该传递乐观、积极的态度，帮助员工克服困难、实现目标。这种坚定的信念和决心能够激发员工的信任和忠诚，增强组织的凝聚力和战斗力。

管理则更注重日常运营和执行。通过计划、组织、协调和控制等手段，管理者确保组织的日常运营顺畅、高效。他们负责制订具体的计划和目标，安排资源和时间，组织人力、物力和财力等资源，以实现组织的战略目标。同时,管理者还需要协调各部门、团队之间的关系,解决冲突和问题,确保信息的流通和共享。控制则是管理的另一重要方面,它涉及监督和评估组织的绩效,提供反馈和改进建议,以确保目标的实现和持续改进。

一个优秀的领导者不仅需要具备设定愿景和引导组织的能力,还需要了解如何通过管理实现这些愿景。他们需要与管理团队密切合作,制订可行的计划和策略,并确保资源的合理配置和有效利用。同时,领导者还需要关注市场变化、竞争态势和技术发展等外部因素,以便及时调整战略方向和管理措施。

同样,一个优秀的管理者不仅需要具备日常运营和执行的能力,还需要了解如何通过领导力激发团队潜力、推动组织变革。他们需要关注员工的发展和激励,创造一个有利于员工发挥潜力和才能的工作环境。同时,管理者还需要与领导者保持紧密的沟通和协作,确保组织的战略目标得以实现。

(二)领导力与管理在实践中是相互影响的

领导者的决策和行动对组织的发展方向和氛围起着至关重要的作用。他们的决策不仅涉及组织的战略规划、资源配置和组织变革等方面,还影响着员工的工作态度、行为和绩效。一个明智的领导者会通过深思熟虑的决策,为员工提供明确的方向和目标,并创造一个积极向上的工作氛围。

例如,当领导者设定了清晰的愿景和目标时,管理层在执行过程中会更有方向感和动力。这意味着他们能够更好地理解组织的战略意图,明确自己的职责和目标,从而更加高效地执行任务。在这样的情境下,管理层的工作效率会得到提高,团队之间的合作也会更加顺畅,进一步推动组织的整体发展。

反过来,管理层的执行力也会影响领导者设定的愿景能否得以实现。如果管理层在执行过程中遇到问题且无法解决,可能会对组织的整体战略实现产生负面影响。例如,如果管理层在执行过程中遇到了资源不足、沟通不畅或团队士气低落等问题,可能会影响到组织的绩效和目标的实现。在这种情况下,领导者需要及时介入,采取有效的措施解决问题,确保组织的战略得以顺利实施。

三、实现领导力与管理的最佳配合

实现领导力与管理的最佳配合是组织成功的关键之一。为了达到这一目标,组织需要采取一系列措施来确保领导者和管理者能够协同工作,共同推动组织的发展。

第一,明确角色定位是实现领导力与管理的最佳配合的基础。领导者应该关注组织的宏观方向、愿景设定和战略规划,而管理者则更注重日常运营、目标实现和流程优化。通过明确各自的角色和职责,可以避免职能重叠或混淆,提高工作效率。

第二,建立有效的沟通渠道是实现领导力与管理的最佳配合的关键。领导者和管理者需要保持密切的沟通和协作,确保信息流通顺畅、决策执行有效。通过定期召开会议、建立信息共享平台等方式,可以加强双方之间的交流与合作,减少误解和冲突。

第三,培养团队协作精神是实现领导力与管理的最佳配合的重要途径。领导者和管理者应该共同努力,营造积极向上的工作氛围,促进团队成员之间的协作与互助。通过开展团队建设活动、鼓励跨部门合作等方式,可以增强团队的凝聚力和战斗力,提高整体绩效。

第四,持续改进是实现领导力与管理的最佳配合的重要手段。领导者和管理者应该关注组织的发展动态,及时调整战略和管理措施,以适应市场变化和组织发展需求。通过实施持续改进计划、鼓励员工提出改进建议等方式,可以不断完善组织的运作机制,提高工作效率和绩效。

第五,关注人才培养是实现领导力与管理的最佳配合的长期保障。领导者和管理者应该关注员工的职业发展需求,提供培训和发展机会,激发员工的潜力。通过建立人才培养计划、实施绩效管理等方式,可以提升员工的综合素质和能力,为组织的长期发展提供有力支持。

第五节 领导力对管理者提出的要求

领导力对管理者提出的要求是多方面的,这些要求涉及管理者的思维方式、行为习惯以及情感智力等方面。以下是领导力对管理者提出的一些关键要求。

一、管理者需要具备良好的沟通能力

领导力对管理者的沟通能力提出了明确的要求。首先，管理者需要具备清晰、有效地传达信息的能力。在组织中，管理者需要将复杂的概念、策略或目标简明扼要地传达给员工，使他们能够理解并执行。这需要管理者具备良好的口头表达能力，能够用简洁、易懂的语言传达信息，避免模棱两可或含糊不清的表达。

其次，管理者还需要具备良好的书面表达能力。在书面沟通中，如报告、电子邮件或正式文件等，管理者需要能够清晰、准确地表达自己的观点和意图，确保信息被正确理解。书面表达需要更加严谨、准确，避免出现歧义或误解。

除了沟通能力之外，领导力还要求管理者能够积极倾听员工的声音，理解他们的需求和期望。倾听是有效沟通的关键组成部分，管理者需要真正听取员工的意见和建议，并给予反馈和回应。通过倾听员工的想法和问题，管理者可以更好地了解员工的需求和关注点，从而做出更符合实际情况的决策。

为了满足领导力对沟通能力的这些要求，管理者需要进行不断的培训和实践。他们可以参加沟通技巧培训、演讲技巧课程等，提高自己的表达能力；同时，他们还应该注重培养自己的倾听能力，学会真正听取员工的意见和建议。

二、管理者需要具有决策能力

在复杂多变的环境中，快速而明智的决策对于组织的成功至关重要。作为管理者，他们需要在有限的信息和时间压力下做出关键的决策。为了满足这一要求，管理者需要具备分析、判断和批判性思维等能力。

分析能力是管理者做出明智决策的基础。他们需要能够快速识别问题的本质，分析各种因素之间的关联和影响，并评估不同方案的优缺点。通过逻辑思考和系统分析，管理者可以更好地理解复杂问题的内在关系，从而做出更加科学的决策。

判断能力对于管理者的决策过程也至关重要。在复杂多变的环境中,管理者需要依靠自己的判断力来评估风险和机会,并做出相应的决策。判断力需要基于经验、知识和直觉,管理者需要通过不断实践和学习来提高自己的判断能力。

批判性思维能力是管理者在信息不完全或不确定的情况下做出合适抉择的关键。批判性思维要求管理者具备独立思考和判断的能力,不盲目接受信息和观点,而是通过分析和评估来做出决策。管理者需要具备批判性思维,以识别信息中的虚假、误导性内容,避免决策失误。

为了培养和提高分析、判断和批判性思维能力,管理者需要不断学习和实践。他们可以参加管理培训、研讨会和研修课程等,不断充实自己的知识和技能;同时,他们还应该注重培养自己的思维习惯,通过反思、总结和交流来提高自己的思维能力。

三、管理者需要激发员工的积极性和创造力

领导力对管理者在激励员工方面的能力提出了明确的要求。首先,管理者需要具备识别员工潜力的能力。每个员工都有自己的优势和潜力,管理者需要通过观察、交流和评估来发现员工的潜在能力,并为他们提供合适的发展机会和挑战。识别员工的潜力不仅有助于发挥他们的特长,还可以激发员工的积极性和工作动力。

其次,为了激发员工的积极性,管理者需要采取适当的奖励和认可措施。奖励可以是物质上的,如加薪、奖金或其他福利;也可以是非物质上的,如赞誉、认可或晋升机会等。通过给予员工适当的奖励和认可,管理者可以激励他们更加努力地工作,提高工作绩效。

除了奖励和认可,管理者还需要创造一个充满激励的工作环境。通过创造一个充满激励的工作环境,管理者可以激发员工的创造力和创新能力。在这样的环境中,员工会更加主动地思考、探索新的方法和思路,为组织的创新和发展作出贡献。

为了更好地激励员工,管理者还需要不断学习和研究激励理论和方法。他们可以参加人力资源管理培训、学习激励理论,并结合实际情况制订适合自己组织的激励措施。同时,管理者还应该关注员工的反馈和需求,不断调整和改进激励策略,以达到更好的效果。

四、管理者需要具备团队建设能力

领导力对管理者在团队建设方面的能力提出了明确的要求。一个高效、稳定的团队是组织成功的关键因素之一,而管理者在团队建设中扮演着至关重要的角色。为了满足领导力的要求,管理者需要具备以下几种能力。

第一,激发员工的潜力是团队建设的重要组成部分。每个员工都有自己的优势和潜力,管理者需要通过了解和评估员工的能力,为他们提供适当的发展机会和挑战,以激发他们的潜力。为了做到这一点,管理者需要具备敏锐的观察力和洞察力,了解员工的特长、需求和职业发展目标。通过提供适当的培训、指导和激励措施,管理者可以帮助员工发挥自己的潜力,提高团队的整体效能。

第二,建立互信关系是促进团队合作和共同目标实现的基础。在团队中,互信关系意味着成员之间相互信任、尊重和支持。为了建立互信关系,管理者需要积极参与团队活动、与员工进行开放而坦诚的沟通,并展现出诚实、公正和透明的行为。同时,管理者还需要关注员工的成长和发展,给予他们适当的支持和指导,帮助他们在工作中取得成功。通过建立互信关系,管理者可以增强团队的凝聚力和向心力,提高团队成员的合作意愿和效率。

第三,促进团队合作和共同目标实现也是团队建设的重要方面。一个高效、稳定的团队应该具有明确的目标和共同价值观,成员之间能够相互协作、互补和支持。为了实现这一目标,管理者需要制订明确的团队目标和计划,并确保每个成员都清楚了解并认同这些目标和计划。同时,管理者还需要建立有效的协作机制和沟通渠道,促进团队成员之间的信息共享、协同工作和互相支持。通过促进团队合作和共同目标实现,管理者可以提升团队的效能和业绩,推动组织的持续发展。

为了提高团队建设的能力,管理者需要不断学习和实践。他们可以参加团队建设培训、领导力发展课程和团队动力学研讨会等,学习先进的团队建设理念和方法;他们还应该注重实际操作和实践经验,通过参与各种团队活动和项目来提高自己的团队建设能力。

第一章 高等教育管理概述

五、管理者需要具备适应性和学习能力

在当今快速变化的环境中,领导力对管理者在适应性和学习能力方面的要求不断提高。一个成功的管理者不仅需要具备稳定的管理技能,还需要能够不断适应新的环境、技术和挑战。

管理者需要具备高度的适应性。由于市场竞争、技术革新和政策变化等因素的影响,组织所处的环境经常发生变化。作为管理者,他们需要能够快速适应这些变化,并做出相应的调整和决策。这要求管理者具备灵活的思维方式和应变能力,能够迅速应对各种突发情况和挑战。

同时,管理者还需要具备强大的学习能力。随着知识和技术的不断更新,管理者需要不断学习新的知识和技能,以保持与时代的同步。通过持续学习,管理者可以不断提高自己的专业素养和管理能力,从而更好地应对复杂多变的环境。

此外,创新精神也是管理者必备的品质之一。面对不断变化的环境和挑战,管理者需要勇于尝试新的管理方法、技术和策略,以推动组织的创新和发展。创新精神意味着不拘泥于传统思维和做法,敢于挑战现状,寻求突破和改进。

为了提高适应性和学习能力,管理者可以采取以下措施。

第一,持续关注行业动态和趋势,通过阅读行业报告、参加专业研讨会等方式,了解行业的最新动态和发展趋势。

第二,定期进行自我评估和反思。回顾自己的工作表现和经验教训,发现自己的不足之处,并制订改进计划。

第三,参加培训和学习课程。参加管理培训、专业研讨会和在线课程等,提高自己的专业素养和管理能力。

第四,建立学习型组织。鼓励团队成员之间的知识分享和交流,创造一个良好的学习氛围。

第五,勇于尝试和冒险。在保证风险可控的前提下,鼓励团队尝试新的方法和策略,以推动组织的创新和发展。

第二章 高等教育的教学管理研究

高等教育的教学管理研究是高等教育领域中一个至关重要的课题。随着高等教育的普及和国际化,教学管理的复杂性和多样性也在不断增加。为了提高高等教育的教学质量,需要深入研究教学管理的理论和实践,不断完善和优化教学管理体系。

第一节 教学管理的内涵

一、教学管理的定义

教学管理是为了实现教学目标,按照教学规律和特点,对教学过程的全面管理。它包括计划、组织、检查、指导、控制和评估等各个环节,涉及课程设置、教学计划、教学大纲、教师管理、学生管理等多个方面。

二、教学管理的目的

教学管理的目的是提高教学质量,培养德智体美劳全面发展的学生。通过科学的教学管理,可以有效地组织教学资源,提高教师的教学水平,优化学生的学习环境,从而实现教育目标。

三、教学管理的原则

教学管理的基本原则主要包括以下几个。

第二章 高等教育的教学管理研究

（一）能级分明原则

能级分明原则是教学管理中的一项重要原则，它强调在组织或系统中，应根据各要素的能量大小进行分级，并将不同级别的要素置于相应的能级岗位中。这一原则要求管理者对各管理要素和手段的能量大小有明确的了解，制订出每个能级岗位的行动规范和操作标准，从而建立稳定的管理结构，确保系统整体目标的实现。

具体来说，能级分明原则在教学管理中具有以下重要意义。

首先，能级分明原则有助于建立一个稳定、有序的教学管理体系。根据各要素的能量大小进行分级，将不同级别的要素置于相应的能级岗位中，可以确保每个管理层次都有明确的职责和权力范围。这避免了权力的重叠或缺失，保证了教学管理工作的有序进行。

其次，能级分明原则有助于提高教学管理工作的效率。通过明确各能级岗位的行动规范和操作标准，管理者可以更加高效地开展工作，避免了资源的浪费和重复劳动。同时，各能级岗位的管理者也可以根据规范和标准进行自我管理，提高工作效率。

最后，能级分明原则还有助于激发管理者的积极性和创造性。当管理者明确自己的职责和权力范围时，他们可以更加专注于自己的工作，发挥自己的专业能力和创造力。同时，能级分明原则也为管理者提供了公平的竞争平台，激发了他们的工作热情和积极性。

（二）系统有序原则

教学管理的系统有序原则是依据管理学中的系统性原理提出的。系统性原理强调了管理对象领域中系统与环境、要素与要素之间的必然联系。教学管理对象领域作为一个系统，包括相互作用的各个要素，执行特定的功能，达到特定的目的。因此，教学管理应当遵循系统性原理的相关属性，如相关性、结构性、整体性和目的性等，以实现系统有序的管理。

相关性是系统性原理的一个重要方面。在教学管理中，各要素之间存在密切的关联和互动关系。管理者需要了解和把握这些要素之间的关系，确保它们相互协调、配合，以发挥最佳效果。通过关注要素之间的相关性,教学管理可以更加有序、高效地推进各项工作。

结构性原则强调系统内各要素的合理配置和组织。在教学管理中,要确保教师、学生、课程、设施等资源得到合理的安排和组织,形成一个稳定、有效的结构。合理配置资源并优化组织结构可以提高教学管理的效果和质量,实现教学目标的最大化。

整体性原则是系统性原理的核心。教学管理系统作为一个整体,其功能和目标是由各个要素共同作用实现的。管理者需要从整体的角度出发,全面考虑各个要素的作用和影响,确保系统整体功能的发挥。同时,要注重整体目标的实现,使各个要素协同工作,共同服务于教学质量的提升。

目的性原则是系统性原理的另一个重要方面。教学管理应该明确管理的目的和意义,使各个要素的作用得到有效发挥,并服务于实现教学质量的提高这一核心目标。管理者需要制订明确的管理计划和目标,并确保所有工作都围绕这些目标展开。通过明确的目的性,教学管理可以更加有序、有针对性地推进工作。

(三)弹性灵活原则

教学管理工作中遇到的问题往往错综复杂,而且随着内部和外部环境的变化而不断变化。因此,在制订和实施教学管理决策时,必须保持一定的弹性,以确保决策能够适应变化并保持教学管理系统的平衡。只有这样,才能实现和达成既定的目标。为了实现这一目标,教学管理者需要采取一些灵活的管理策略和方法。

第一,制订弹性的计划。教学管理者应该制订具有弹性的计划,以适应变化和不确定性。计划应该具有一定的灵活性,可以调整和修改,以确保教学管理系统能够在动态变化中保持平衡。

第二,加强沟通与协调。教学管理者应该加强与教师、学生和其他相关人员的沟通与协调。通过有效的沟通,可以更好地了解教学管理系统的变化和需求,及时调整决策和措施,以确保教学管理系统的平衡和适应机制。

第三,建立反馈机制。教学管理者应该建立有效的反馈机制,及时收集和整理教学管理系统的信息,并根据反馈进行调整和改进。这有助于确保教学管理系统在动态运行中保持平衡和适应机制。

第二章 高等教育的教学管理研究

(四)动力激发原则

行为主义理论强调人的行为是受到外部刺激所驱动的,而这些刺激与人的内在需求密切相关。具体到教学管理领域,该理论认为教师的积极性和行为动力同样来自他们的内在需求。这些需求主要包括物质需要、精神需要和信息需要,它们对教师的行为产生着重要影响。

首先,物质需要是教师最基本的需求之一,它涉及工资、福利待遇、工作环境等方面的需求。满足教师的物质需要,提供良好的薪酬待遇和福利待遇,可以激发教师的工作动力和积极性。这有助于确保教师能够全身心地投入教学工作中,从而提高教学质量。

其次,精神需要是教师内在的、情感层面的需求。它涉及教师的自尊心、荣誉感、归属感等方面的需求。教师作为知识分子,往往具有强烈的自尊心和荣誉感,他们渴望得到认可和赞誉,追求自我价值的实现。因此,教学管理中要重视教师的精神需要,给予他们适当的激励和肯定,以增强教师的归属感和荣誉感。这有助于激发教师的内在动力,促使他们更加积极主动地投身于教学工作中。

最后,信息需要是指教师对于知识和信息的渴望与需求。教师作为知识的传播者,他们需要不断地更新知识体系,提高自己的专业素养。因此,提供必要的学习和进修机会,满足教师的信息需求,也是激发教师积极性的重要手段。通过不断学习和进修,教师可以提升自己的专业水平,增强自信心和成就感,从而更好地履行教学职责。

(五)反馈调节原则

反馈调节原则在教学管理活动中具有极其重要的地位。这一原则强调在管理过程中,必须及时获取有关执行情况的信息,并依据这些信息进行必要的调整和修正。其目的是确保教学管理的有效性和高效性,确保教学工作的高质量开展。

反馈调节原则在教学管理中的重要性不言而喻。它不仅有助于提高教学质量和效果,确保教学目标的实现,还有助于增强教学管理的科学性和有效性。通过反馈调节,教学管理者能够更好地应对各种挑战和问题,优化资源配置,提高管理效率。同时,这一原则也有助于形成持续改进的文化,推动教学管理工作不断向前发展。

为了真正贯彻反馈调节原则,教学管理反馈机制需要具备以下特点。

第一,反馈信息需要及时获取并及时处理,以便快速发现问题并进行调整。

第二,反馈信息需要准确反映教学活动的实际情况,以便进行正确的决策。

第三,反馈信息需要涵盖教学活动的各个方面,包括教师、学生、课程、环境等,以便全面了解教学情况。

第四,反馈调节需要根据反馈信息进行具体的操作,因此反馈信息需要具有可操作性,能够指导具体的行动。

四、教学管理的任务

教学管理的任务主要包括以下几方面。

(一)树立正确的教学观

教学观是指对教学目的、教学方法、教学内容等教学基本问题的认识和看法。它反映了对教学的整体理解和价值取向,是指导教学实践的重要思想基础。

一个正确的教学观,能够为教学提供明确的方向和目标,使教师和学生都能够在教学中得到成长和发展。而一个不正确的教学观,则可能导致教学的内容和方法选择出现偏差,影响学生的学习效果和全面发展。

教学观的核心内容包括对教学目的的认识、对教学方法的选择和对教学内容的安排。首先,对于教学目的,应该强调学生的全面发展,注重培养学生的综合素质和能力,而不仅仅是追求高分或应试能力。其次,对于教学方法,应该注重启发式教学,引导学生主动思考、积极参与教学过程,而不是单纯地灌输知识。最后,对于教学内容,应该注重学生的兴趣和需求,选择贴近学生生活、具有实际应用价值的教学内容,同时也要注重学科知识的系统性和完整性。

教学观的形成受到多种因素的影响,包括教育理念、文化背景、教学

第二章　高等教育的教学管理研究

实践经验等。因此,教学管理者需要积极引导教师树立正确的教学观,通过培训、研讨、观摩等多种方式提高教师的教育理论素养和教学实践水平。同时,教学管理者也需要关注学生的需求和发展,鼓励学生参与教学过程,促进师生之间的交流和互动,以实现教学相长。

（二）制订和实施教学工作计划

教学工作计划是学校为实现教学目标而制订的一定时期内的教学工作规划和安排,它是学校教学管理的重要组成部分。教学工作计划对学校教学工作具有重要的指导作用,它为教学工作提供了明确的方向和目标,使教学工作有计划、有组织、有步骤地展开。

教学工作计划包括教学目标的确定、教学内容和方法的安排、教学资源的配置等方面。首先,教学目标的确定是教学工作计划的基础,它明确了教学的方向和重点,使教学工作更加有针对性。其次,教学内容和方法的安排是教学工作计划的主体,它涉及课程设置、教材选择、教学方法、教学资源等方面的规划。最后,教学资源的配置是教学工作计划的保障,它涉及教师、教室、实验室、图书馆等资源的合理配置和使用。

制订和实施教学工作计划,可以统筹安排教学工作,协调各个教学部门的工作,确保教学工作的有序进行。通过教学工作计划的制订和实施,可以确保教学活动按照既定的目标和计划进行,避免教学的随意性和盲目性。同时,教学工作计划也可以提高教学质量和效率,通过合理的教学安排和资源配置,可以提高教学效果和学生的学习效率。

在教学工作计划的具体实施过程中,需要注重计划的灵活性和适应性,根据实际情况及时调整和改进计划。同时,也需要注重计划的执行和监督,确保计划的落实和执行效果。此外,还需要注重教师和学生的参与和反馈,不断改进和完善教学工作计划,以满足学校发展的需要和师生的需求。

（三）加强教学思想管理

教学思想是指导教学工作的基本思想和理念,它影响着教学活动的方向、内容和方式。教学思想不仅反映了教育理念的演变,也体现了社会对人才培养的要求和期望。因此,教学思想的管理在教学管理中占据着重要的地位。

教学管理者需要关注教学思想的发展趋势,了解最新的教育理念和教育思想,以便更好地指导教学工作。同时,教学管理者还需要根据学校的特点和实际情况,制订符合学校发展需求的教学规划,明确教学的目标和方向,为教学活动提供有力的思想保障。

教学管理者也需要加强对教师教学思想的管理。教师是教学活动的主导者,他们的教学思想和观念直接影响着教学质量和学生的学习效果。因此,教学管理者需要引导教师树立正确的教学观念和教育思想,培养教师的教育素养和教育情怀,提高教师的教学能力和专业水平。

(四)建立教学的组织系统

教学的组织系统是学校为了实现教学目标而建立的教学管理机构和规章制度,它为教学活动的有序开展提供了组织保障。一个健全的教学组织系统能够有效地协调各个教学部门的工作,提高教学管理的效率和教学质量。

首先,教学管理者需要建立和完善教学的组织机构,明确各个部门的职责和权限,确保各个部门能够各司其职、协同工作。例如,可以设立教务处、教研室、实验室等机构,负责不同的教学管理任务。同时,还需要建立一套完整的教学管理规章制度,明确各项教学管理工作的流程和标准,使教学管理工作有章可循、有据可查。

其次,教学管理者需要对教学人员进行有效的管理和培训。教学人员是教学活动的主导者,他们的专业素养和教学能力直接影响着教学质量和学生的学习效果。因此,教学管理者需要关注教师的教学水平和发展需求,提供培训和发展机会,激发教师的教学热情和创新精神。同时,还需要建立一套完整的教学人员评价和激励机制,对教学人员进行全面、客观、公正的评价,根据评价结果进行激励和改进,促进教学人员的专业成长。

最后,教学管理者还需要注重与其他管理部门的协同工作。教学管理不是孤立的,需要与人事、财务、后勤等部门进行密切的协作和配合。因此,教学管理者需要与其他管理部门建立良好的沟通机制,共同协调和解决教学中遇到的问题和困难,确保教学的顺利进行。

第二章 高等教育的教学管理研究

(五)重视教学环境管理

教学环境是影响教学工作的重要因素之一,它不仅包括教学设施、校园文化、师生关系等有形和无形的方面,还涉及学习氛围、心理环境等软环境。一个良好的教学环境能够为教学工作提供必要的支持和保障,提高教学质量和效果,促进学生的学习和发展。

首先,教学设施是教学环境的重要组成部分,包括教室、实验室、图书馆、体育设施等。教学设施的完备和先进程度直接影响到教学的质量和效率。因此,教学管理者需要加强对教学设施的管理和维护,确保设施的完备和安全,提高教学的效率和质量。同时,教学管理者还需要注重设施的更新和升级,以满足教学需求的变化和学科发展的需要。

其次,校园文化是教学环境的另一重要方面。校园文化是一种无形的力量,它影响着师生的思维方式和行为习惯,对教学质量和效果产生深远的影响。因此,教学管理者需要注重校园文化建设,营造积极向上、健康和谐的校园文化氛围。例如,可以举办各种学术活动、文化交流活动等,促进师生之间的交流和互动,增强师生的凝聚力。

最后,师生关系也是教学环境的重要组成部分。师生关系的质量直接影响到学生的学习态度和效果,对教学质量产生重要的影响。因此,教学管理者需要注重师生关系的建设和管理,促进师生之间的相互尊重和理解。例如,可以建立师生交流平台、完善学生反馈机制等,加强师生之间的沟通和互动,提高教学质量和效果。

(六)开展教务行政常规管理工作

教务行政常规管理工作是教学管理工作的重要组成部分,它涉及学籍管理、课程设置、教学计划制订、教师管理、考试管理、教材管理等多个方面。这些工作都是为了确保教学工作的有序进行和教学质量的不断提高,为学生和教师的成长提供良好的环境和支持。

第一,学籍管理是教务行政常规管理工作的重要环节之一。教学管理者需要建立健全的学籍管理制度,对学生的学习情况进行全面跟踪和管理。这包括学生的入学注册、成绩记录、毕业资格审核等方面的管理。通过学籍管理,教学管理者可以及时掌握学生的学习情况,为学生的学习提供必要的支持和帮助,同时也可以对教学质量进行评估和反馈。

第二,课程设置和教学计划制订也是教务行政常规管理工作的重要内容。教学管理者需要根据学校的发展目标和学生需求,制订科学合理的教学计划和课程设置方案。这需要考虑到学科的特点、学生的学习能力、社会需求等多方面的因素。通过合理的课程设置和教学计划制订,可以提高教学的系统性和科学性,确保教学质量的稳定提高。

第三,教师管理也是教务行政常规管理工作的重要方面。教学管理者需要建立健全的教师管理制度,对教师的教学工作进行全面管理和评估。这包括教师的招聘、培训、考核、晋升等方面的管理。通过教师管理,可以提高教师的教学能力和教育素养,促进教师的专业发展和教学质量的提高。

第四,考试管理和教材管理也是教务行政常规管理工作的重要环节。考试是检验学生学习成果和教学质量的重要手段,教学管理者需要建立健全的考试管理制度,确保考试的公正、公平和有效性。同时,教材是教学的重要资源,教学管理者需要加强对教材的管理和维护,确保教材的及时更新和升级。

总之,教务行政常规管理工作是教学管理工作的重要组成部分,它涉及多个方面的工作。通过开展教务行政常规管理工作,教学管理者可以确保教学工作的规范化和科学化,提高教学质量和效率,为学生的全面发展和学校的持续发展提供支持和保障。

(七)开展教学研究

教学研究是提高教学质量和教学效果的重要手段,它通过系统地研究教学方法、教学内容、评价体系等方面,寻找更有效的教学策略和手段,从而提高教学效果,促进学生的学习和发展。

第一,教学研究可以帮助教师深入理解教学的本质和规律,掌握更有效的教学方法。通过对教学方法的研究,教师可以发现更符合学生需求和学科特点的教学策略,从而提高教学效果。同时,教学研究也可以帮助教师了解学生的学习过程和认知规律,从而更好地设计和实施教学活动。

第二,教学研究可以帮助教师更新教学内容,提高教学质量。随着社会的发展和科技的进步,教学内容也需要不断更新和改进。通过教学

第二章　高等教育的教学管理研究

研究,教师可以了解学科发展的最新动态和趋势,掌握更前沿的知识和技术,将这些内容融入教学中,从而提高教学质量。

第三,教学研究还可以帮助教师建立科学、合理的评价体系,进而可以更好地评估教学效果。通过研究评价体系,教师可以发现更有效的评价方法和手段,更准确地评估学生的学习成果和教师的教学效果。同时,教学研究也可以帮助教师了解教学中的问题,通过评估结果来改进教学方法和手段。

为了更好地开展教学研究,教学管理者需要为教师提供必要的支持和资源。这包括提供研究经费、建立研究团队、组织学术交流活动等。同时,教学管理者还需要建立教学研究的管理制度和激励机制,鼓励教师积极参与教学研究,提高教师的科研能力和学术水平。

（八）检查和指导教学进展情况

教学进展情况的检查和指导是教学管理工作的重要组成部分。作为教学管理者,定期了解和掌握教学进展情况是至关重要的,这有助于确保教学工作的顺利进行,并及时解决教学中出现的问题。

第一,对教师教学情况的了解是教学进展情况检查的重要内容。通过听课、观摩教学、与学生交流等方式,教学管理者可以深入了解教师的教学风格、教学方法以及教学效果。这样不仅可以发现教师在教学中的优点和亮点,还可以发现存在的问题和不足。针对这些问题,教学管理者可以及时给予指导和建议,帮助教师改进教学方法、提高教学质量。

第二,了解学生的学习情况也是检查教学进展情况的重要环节。通过与学生交流、查看作业、考试测验等方式,教学管理者可以了解学生的学习态度、学习进度以及学习效果。这有助于发现学生在学习中存在的问题和困难,并及时采取措施加以解决。同时,教学管理者还可以根据学生的学习情况调整教学计划和教学方法,更好地满足学生的学习需求。

第三,对教学资源配置情况的了解也是教学进展情况检查的重要内容。教学管理者需要关注学校的教学设施、教材、图书资料等资源配置情况,确保教学资源充足、配置合理。如果发现资源配置不足或不合理的情况,需要及时协调和解决,为教师的教学和学生的学习提供必要的支持和保障。

在对教学进展情况进行检查和指导的过程中,教学管理者还需要注重与教师的沟通和协作。通过与教师的交流和讨论,共同探讨教学中存在的问题和解决方案。同时,教学管理者还需要为教师提供必要的指导和支持,协助教师解决教学中的问题和困难。

五、教学管理的意义

教学管理的意义主要体现在以下几个方面。

第一,教学管理有助于提高教学质量。通过制订明确的教学计划和目标,合理安排教学资源,对教学过程进行监督和评估,教学管理能够确保教学活动有序、高效地进行,从而提高教学质量。同时,通过反馈调节原则,教学管理者可以及时获取教学执行情况的信息,并根据这些信息进行必要的调整和修正,进一步优化教学管理策略,提高教学效果。

第二,教学管理有助于提升教师素质。通过制订教师培训计划、评估教师绩效等措施,教学管理可以帮助教师提高专业水平和教学能力,增强教师的责任感和归属感。同时,良好的教学管理环境也有助于激发教师的积极性和创造力,推动教师不断追求卓越。

第三,教学管理有助于提高学生的综合素质。通过制订科学的教学计划和课程设置,教学管理可以提供全面的、符合学生需求的课程体系,帮助学生掌握知识、技能和素养。同时,教学管理也关注学生的个性发展和心理健康,通过科学的管理手段培养学生的自主学习、团队协作、创新思维等能力,促进学生全面发展。

第四,教学管理还有助于促进教育公平。通过合理配置教育资源、关注弱势群体等措施,教学管理可以确保每个学生都能获得优质的教育资源,减少教育不公的现象。这有助于实现教育公平和社会公正。

第五,教学管理是推动教育教学改革的重要推手。通过制订和实施改革措施,教学管理能够推动教育教学理念和方法的更新,适应社会发展需求。同时,教学管理也有助于优化教学环境,为师生提供更好的教学条件和学习氛围。

第六,良好的教学管理有助于提高学校的整体竞争力。在教学质量、教师素质、学生综合素质等多方面都具有优势的学校更具有竞争力。因此,加强教学管理工作,提高其科学性和有效性,是每个学校提升竞争力的重要途径。

第七,教学管理有助于促进师生个人发展。通过科学的教学管理,为师生创造一个良好的教学环境,促使师生在个人发展上不断进步。同时,教学管理也关注师生心理健康和个人成长需求,为他们的全面发展提供支持。

第二节　高等教育的学分制教学管理

一、学分制的概念

学分制是一种以学分为计量单位,评估学生学习量和学习进度的教育管理制度。在高等教育中,学分制已成为一种普遍采用的教学管理方式。它赋予学生更大的学习灵活性和自主权,同时也对学校的教学管理提出了更高的要求。

二、学分制的特点

学分制是一种以学生为本的教学管理制度,主要具有以下几个特点。

(一)选课制

选课制是学分制的核心,学生可以根据自己的兴趣、需求和发展方向,自主选择所学课程和授课教师。这种制度突破了传统学年制下固定课程安排的限制,赋予学生更多的学习自由。学生可以根据教学大纲和教学计划,自主设计个人的学习计划,进行跨专业、跨年级、跨学院甚至跨学校的选课。这种选课制有利于激发学生的学习兴趣,培养学生的个性特长和创新能力。

(二)绩点制

绩点制是衡量学生学习质量的量化指标。学生的课程成绩和学分会被综合计算，形成学生的绩点，作为学生评优、评定奖学金、毕业等的重要依据。这种方式能够客观、准确地反映学生的学习状况，激励学生努力学习，提高学习效果。

（三）弹性学制

弹性学制是学分制的另一大特点。在满足学校毕业要求的情况下，学习较好的学生可争取提前毕业，缩短学习年限；也可以在允许时长内选择休学创业等实践，放慢学习进度，推后毕业时间，延长学习年限。这种学制将更多的自主权交给学生，使学业规划更贴合学生实际，符合学生个性化发展。

（四）导师制

导师制是学分制的重要组成部分。学校为每位新生分配导师，根据学生的个性特长和需求，指导学生制订学习计划、选择课程、确定发展方向等。导师的指导有助于学生更好地理解专业、规划学业，并解决学习中的困惑和问题。

（五）辅修制

辅修制是为了满足学生多元化的学习需求。学生可以根据自己的兴趣和志向，选择修读其他专业的课程，获得辅修证书或双学位。这不仅能拓宽学生的知识面，增强综合素质，还能提高学生的就业竞争力。

三、高等教育学分制教学管理理念

（一）树立以学生为本的教学理念

实施学分制教学，一个极其突出的理念便是强调学生的个性发展。在传统的高校教学管理中，计划的高度统一性是主流，学校注重的是共性要求，而往往忽视了学生的个性发展。然而，学分制教学管理则赋予了学生更多的自主权。学生可以根据自己的兴趣、特长和需求,自主选择课程、授课教师、学习进度等。这种制度为学生提供了展示自我、发掘潜力的机会,使得学生的个性得以充分发展。

为了适应学分制的要求,高校教师及管理工作者需要转变观念,树立以学生为本的教学理念。这意味着在教学和管理过程中,应以学生为中心,充分尊重学生的选择和需求。同时,教师和管理者还需要根据学校的实际情况,制订出符合学生发展的教学计划和管理方案。

(二)引入竞争机制

在高校教学中引进竞争机制,可以说是学分制教学的又一基本管理理念。竞争机制的引入,旨在激发教师和学生的积极性,提高教学质量和学习效果。在学分制教学中,选课机制为学生提供了更多的选择权,同时也对教师提出了更高的要求。

首先,学生对教师的选择权增加,意味着教师需要提高自身的学术水平和教学能力,以满足学生的需求。学生希望选修课程能够满足自己的个性发展需求,并且课程内容能够反映学科发展的最新成果或前沿动态。因此,教师需要不断更新课程内容,引入学科最新的研究成果和动态,以满足学生的期望。

其次,竞争机制也促使教师更加专注于教学科研,努力提高自己的教学水平。为了吸引更多的学生选修自己的课程,教师需要不断提高课程质量,创新教学方式方法,增强教学效果。这种竞争环境促使教师不断进取,提升自己的教学水平。

最后,随着高校课程和范围的扩大,教师的专业领域也逐渐变得更为精细和深入。教师需要从广博的知识面逐渐转向精深的专业领域,成为某一领域的专家。这种转变促使教师深入研究某一领域,提高自己的学术水平和专业能力。

引入竞争机制不仅有助于学生的成长成才,也有助于高校建设一支高水平的教师队伍。通过学分制教学的选课机制和竞争环境,学生能够选择到最适合自己的课程和教师,得到更好的教育和指导。同时,教师也能够不断提高自己的教学水平和学术能力,为学校的发展作出更大的贡献。

(三)遵循因材施教原则

按照学分制培养模式多样化的特点,高校教师及高校管理工作者需要针对不同学生的特点和需求,采取个性化的教学管理方法。随着高校扩招的推行,高校生源素质出现了参差不齐的现象。学生的学习能力、学习基础和学习水平都存在差异,这使得传统的教学管理方式难以满足所有学生的需求。

为了解决这一问题,学分制教学管理应运而生。它能够根据学生的不同层次和需求,分层进行教学、分层进行考核、分层进行评价等。这种个性化的教学管理方式,使得高校教师及管理工作者能够针对不同学生的个体因素,如智力水平、兴趣爱好等,做到因材施教。

在学分制条件下,学生可以根据自己的兴趣和能力选择适合自己的课程和学习进度。这种自主选择不仅有利于激发学生的学习兴趣和积极性,还能培养学生的独立思考和决策能力。同时,教师也可以根据学生的需求和特点,制订个性化的教学计划和教学方法,以满足学生的发展需求。

实施学分制教学管理需要高校教师及管理工作者转变观念,树立以学生为本的教学理念。这意味着在教学和管理过程中,应以学生为中心,充分尊重学生的选择和需求。同时,教师和管理者还需要根据学校的实际情况,制订出符合学生发展的教学计划和管理方案。

四、当前我国高等教育学分制教学管理存在的问题

当前我国高等教育学分制教学管理存在的问题主要包括以下几个方面。

(一)教育理念滞后

部分高校对学分制的理解还停留在学年制模式,导致在实施学分制过程中缺乏创新和突破。传统的教学管理强调"以教师为中心",学分制则需要转变为"以学生为中心",强调学生的自主性和个性发展。

第二章　高等教育的教学管理研究

（二）教学资源不足

学分制需要更多的课程资源供学生选择，而目前我国高校普遍存在课程资源不足的情况。这主要体现在教师数量不足、优质课程少等方面。由于师资力量有限，一些热门课程和优质课程供不应求，导致学生选课受限。

（三）教学管理不规范

实施学分制需要规范的教学管理流程。然而，一些高校在教学计划、课程安排、考试管理等方面存在不规范的情况，导致学分制无法得到有效实施。例如，一些课程存在排课不合理、考试时间冲突等问题，给学生选课和考试带来不便。

（四）学生指导缺失

学分制要求学生自主选择课程和学习进度，这就需要学校提供有效的学生指导服务。然而，一些高校对于学生指导工作不够重视，导致学生对于自己的学习计划和未来发展方向缺乏清晰的认识。这可能导致学生选课盲目、学习效果不佳等问题。

（五）教学质量参差不齐

由于师资力量不足，一些高校开设的课程质量不高，导致学生选课的积极性受到影响。同时，由于缺乏有效的质量监控机制，一些课程存在教学质量不稳定、考试通过率低等问题。

（六）学生缺乏自主学习能力

实施学分制要求学生具有较强的自主学习能力。然而，一些学生习惯了传统的"填鸭式"教育，缺乏自主学习和时间管理能力。这可能导致学生在学分制下无法合理安排学习和生活，影响其学业进展。

（七）制度执行不力

一些高校在实施学分制过程中存在制度执行不力的情况。例如，一些学校对于学生的选课限制过严，导致学生无法根据自己的兴趣和特长进行选课；同时，一些学校对于学分制的管理和监督不够严格，导致学分制存在漏洞和问题。

五、高等教育学分制下教学管理的策略

在高等教育学分制下，教学管理需要采取多种策略来应对存在的问题和挑战。通过完善学分制教学管理制度、加强课程资源建设、教学管理信息化建设、学生指导服务、师资队伍建设、质量监控机制以及与行业的合作与交流等方面的措施，可以进一步提高高等教育的教学质量和人才培养水平。

（一）完善学分制教学管理制度

学分制教学管理需要一套完整、科学、规范的管理制度作为保障。通过建立健全的学分制教学管理制度、科学合理的选课制度、完善的学习成绩管理制度、有效的学业预警制度和加强制度执行力度等措施，可以确保学分制的有效实施，提高高等教育的教学质量和人才培养水平。

第一，高校应建立健全的学分制教学管理制度，明确学分制的基本原则、管理流程和操作规范。这不仅有助于确保学分制的顺利实施，也有助于维护教学秩序的稳定。

第二，高校应制订一套科学、合理的选课制度。选课制度是学分制的核心，关乎学生能否根据自己的兴趣和特长进行选课。高校应提供多样化的课程资源，并制订科学的选课规则，确保学生能够自由选择合适的课程。同时，应加强选课指导，帮助学生理解选课规则、课程内容和培养计划，避免学生盲目选课。

第三，高校应建立完善的学生成绩管理制度。成绩管理是学分制的重要组成部分，关乎学生能否顺利完成学业。高校应制订科学、公正的成绩评定标准，确保学生成绩的准确性和可比性。同时，应建立健全的

成绩档案管理制度,确保学生成绩信息的完整性和安全性。

第四,高校应建立有效的学业预警制度。学业预警是对学生学业状况的及时提醒和干预,有助于防止学生因学业问题而无法按时毕业。高校应根据学生的学习进度和成绩表现,及时发出预警信号,并提供必要的帮助和指导。同时,应建立学业预警档案,记录学生的学业状况和预警处理情况。

第五,高校应加强制度执行力度,确保各项制度得到有效执行。学分制教学管理制度的执行需要各部门的密切配合和协作。高校应明确各部门在学分制实施中的职责和任务,并建立有效的沟通协调机制。同时,应加强制度执行的监督和检查,对违反制度的行为进行及时纠正和处理。

(二)加强课程资源建设

在学分制下,学生需要拥有充足的课程资源来选择,以满足其个性化需求和兴趣。因此,高校应加大课程资源建设投入,提高优质课程的数量和种类。这不仅有助于增加课程的多样性和丰富性,也有助于提高学生的选课自由度和满意度。

第一,高校可以鼓励教师开设新课,特别是跨学科、跨专业的课程。跨学科、跨专业的课程能够帮助学生拓宽知识面,培养综合素质,增强适应能力。高校应给予教师充分的自主权和激励措施,鼓励他们开设具有创新性和实用性的课程。

第二,高校可以与社会机构、企业等合作,引入外部资源,丰富课程内涵。通过与外部机构的合作,高校可以共享资源,引入行业前沿的知识和技能,使课程内容更加贴近实际需求。同时,与企业合作可以为学生提供实践机会,增强学生的实践能力和就业竞争力。

第三,为了提高课程质量,高校应建立完善的课程审核机制。对开设的新课程和合作课程进行严格的审核,确保课程内容科学、合理、符合培养目标。同时,应定期对课程进行评估和更新,以保持课程的时效性和吸引力。

第四,高校应重视课程资源的持续建设与更新。学分制下课程资源建设是一个动态的过程,需要随着社会发展和学生需求的变化而不断调整和完善。高校应保持敏锐的洞察力,及时调整课程结构和内容,以满足学生不断变化的需求。

(三)加强教学管理信息化建设

在学分制教学管理中,涉及大量的信息处理和数据分析工作,包括学生选课、成绩录入与查询、学分统计等。这些工作如果仅依靠传统的人工方式进行,不仅效率低下,而且容易出错。因此,高校应加强教学管理信息化建设,建立完善的教学管理信息系统。

首先,高校应投资引进先进的信息技术设备和软件,为教学管理信息化建设提供硬件支持。同时,应注重系统的可扩展性和稳定性,以满足未来学分制管理的需求变化。

其次,高校应建立完善的教学管理信息系统,整合各个方面的管理功能。这个系统应包括选课管理模块、成绩录入与查询模块、学分统计模块等,以便于管理人员进行信息录入、查询和分析。通过自动化和信息化的手段,可以大大提高教学管理的效率和准确性。

在选课管理方面,系统应支持学生在线选课、退课和调课,提供实时的课程信息和选课指导。这样可以避免学生盲目选课,帮助他们根据个人兴趣和培养计划选择合适的课程。同时,系统应自动对选课数据进行处理和分析,为教学安排和学生管理提供依据。

在成绩录入与查询方面,系统应方便教师录入学生成绩,并支持学生在线查询自己的成绩和学分情况。通过自动化和信息化的手段,可以减少成绩录入的错误率,并为学生提供实时的学业信息。同时,系统应对成绩数据进行统计分析,为教学质量监控提供数据支持。

在学分统计方面,系统应根据学生的选课情况和成绩表现自动统计学分,并生成学分证书。这样可以避免人工统计的误差,确保学分的准确性和一致性。同时,系统应支持学分转换和学分互认的功能,以满足不同高校之间的学分互认需求。

除了基本功能外,高校还应利用信息化手段加强与学生、教师的沟通与交流。通过建立在线交流平台或手机应用程序等途径,可以方便学生和教师进行实时沟通,解决学习和教学中的问题。同时,通过信息化手段发布通知、公告等信息,可以提高管理透明度,增强师生对教学管理的参与感和满意度。

第二章 高等教育的教学管理研究

(四)加强学生指导服务

在学分制下,学生自主选择课程和学习进度的模式对学生的自我规划和自我管理能力提出了更高的要求。为了帮助学生更好地适应这一模式,高校应建立健全的学生指导服务体系。

首先,高校可以设立学生指导中心或咨询机构,为学生提供个性化的学业规划和职业发展指导。这些机构应由专业的指导教师组成,他们具备丰富的学科知识和教学经验,能够为学生提供有针对性的指导。学生可以根据自己的兴趣、特长和职业规划,制订个性化的学习计划和选课方案。通过与指导教师的交流,学生还可以了解不同学科的发展趋势和就业前景,为未来的职业发展做好准备。

其次,高校还应加强学生心理健康教育。学分制下,学生面临的学业压力和心理问题可能更为突出。高校可以开设心理健康教育课程,帮助学生了解心理调适的方法和技巧,提高他们的心理素质和抗压能力。同时,可以设立心理咨询中心,为学生提供心理咨询和心理辅导服务。对于有心理问题的学生,应及时进行干预和治疗,帮助他们克服学业困难和心理问题。

再次,高校应提供多元化的学习资源和服务,促进学生自主学习能力的提高。例如,可以建立学习资源中心,提供丰富的图书、期刊、数据库等资源,方便学生进行自主学习和研究。同时,可以开设学术讲座、研讨会等活动,鼓励学生参与学术交流和讨论,提高他们的学术素养和创新能力。

最后,高校应注重培养学生的综合素质。学分制下,学生不仅需要具备学科知识,还需要具备跨学科的综合素质。高校可以开设跨学科课程和综合性课程,鼓励学生参与课外活动和社会实践,培养他们的团队合作、沟通表达、组织协调等能力。通过提高学生的综合素质,使他们更好地适应未来社会的发展需求。

(五)加强师资队伍建设

学分制教学管理的有效实施离不开一支高素质的、稳定的师资队伍。教师的教育教学水平直接影响到学生的学习效果和质量。因此,高校应加强师资队伍建设,提高教师的教育教学水平。

首先,高校可以提供多种培训机会,帮助教师提升学术水平和教学能力。这些培训可以涵盖新教师入职培训、教育教学技能培训、学科专业培训等各个方面。通过参加培训,教师可以了解学分制教学管理的理念和方法,掌握先进的教育教学技能,提升个人的学术水平和教学能力。

其次,高校可以鼓励教师参加学术交流活动,促进教师之间的合作与共同进步。学术交流活动可以包括国内外学术会议、研讨会、讲座等,为教师提供了一个交流学术成果、探讨学科前沿的平台。通过与同行交流,教师可以了解最新的学术动态和学科发展趋势,拓宽学术视野,提升个人的学术水平。

再次,高校应关注教师的职业发展,为教师提供良好的工作环境和发展机会。可以制订一系列的激励措施,如优秀教师奖励、教育教学成果奖励等,激发教师的工作热情和创造力。同时,应鼓励教师参与学科建设和教学资源开发等活动,为学分制教学管理提供更多的支持。

最后,高校应加强与教师的沟通与交流,听取教师的意见和建议,不断完善师资队伍建设。通过定期召开教师座谈会、设立教师意见箱等方式,了解教师的需求和困难,为教师提供更好的工作条件和生活条件。

(六)完善质量监控机制

学分制需要建立完善的质量监控机制,对教学过程进行全程监控。高校应建立健全的教学质量监控机制,制订科学的质量标准和控制措施。可以设立教学督导机构或开展教学质量评估工作,对教师的教学质量进行评估和反馈。同时,应加强对学生的学习过程和学业成果的监控与管理,确保人才培养质量。

(七)加强与行业的合作与交流

在学分制下,高校应加强与行业的合作与交流,了解行业需求和发展趋势。可以通过与企业合作开展科研项目、实习实训等方式,提高学生的实践能力和创新精神。同时,可以通过与企业合作开设课程或培训项目,提高课程的实用性和应用性。通过与行业的合作与交流,可以实现高校与企业的资源共享和优势互补,促进产学研协同发展。

第三节　高等教育教学质量管理

教学质量是高等教育的生命线,是衡量高校办学水平的重要指标。因此,加强教学质量管理是高校必须重视的一项工作。

一、高等教育教学质量管理的意义

（一）提高人才培养质量

提高人才培养质量是高等教育教学质量管理的重要意义。通过科学、高效的教学质量管理,高校可以确保人才培养的高质量和实用性,以满足社会对高素质人才的需求。

首先,科学、高效的教学质量管理能够保证人才培养的全面性和实用性。高校通过对教学过程、学生评估、设施管理和人员管理等方面进行评估和监控,及时发现和解决教学中存在的问题,以提高教学质量。同时,高校还可以根据社会需求和行业发展趋势,调整和优化教学内容,以确保人才培养的实用性和针对性。

其次,科学、高效的教学质量管理有助于提高学生的综合素质和竞争力。通过质量管理,高校可以为学生提供优质的教育和培训,培养他们的知识、技能和素质,使其具备适应未来职业生涯的能力。同时,质量管理还有助于提高学生的自我管理能力、团队协作能力、创新能力等非技术性能力,这些能力在未来的职业生涯中同样至关重要。

最后,科学、高效的教学质量管理有助于提高高校的声誉和地位。教学质量是衡量一所高校优劣的重要标准之一,通过提高教学质量,高校可以赢得社会的认可和信任,提升自身的声誉和地位。同时,高质量的教学还可以吸引更多的优秀学生和师资力量,进一步增强高校的实力和竞争力。

(二)提升教师教学水平

第一,教学质量管理能够为教师提供持续的教学反馈。通过对教师的教学过程、教学方法、教学效果等方面的评估,教学质量管理可以为教师提供具体、客观的反馈意见,帮助教师了解自己的优点和不足之处,从而有针对性地改进教学方法、提高教学效果。

第二,教学质量管理能够推动教师进行教学研究。通过参与教学质量管理,教师能够深入了解学生的学习需求、掌握学生的学习状况,从而发现教学中存在的问题和难点。在此基础上,教师可以开展教学研究,探索更有效的教学方法、教学模式和教学资源,进一步优化教学过程、提高教学效果。

第三,教学质量管理能够促进教师之间的交流与合作。教学质量管理通常涉及多个学科领域、涵盖多种教学方法和手段,需要教师之间的合作与交流。通过参与教学质量管理,教师可以相互学习、分享教学经验和教学资源,共同提高教学水平和专业素养。

(三)保障高校声誉

通过科学、高效的教学质量管理,高校可以提升教学质量,培养出优秀的人才,从而赢得社会的认可和信任,提升自身的声誉和地位。

第一,教学质量管理能够提高高校的学科水平。高校的教学质量直接反映了其学科水平,只有高水平的教学质量才能吸引优秀的教师和学生。通过教学质量管理,高校可以加强学科建设,提高教师的教学水平和科研能力,进而提升学科的国际影响力和竞争力。

第二,教学质量管理有助于培养优秀的人才。高校的教学质量直接影响着学生的培养质量,优秀的教学质量能够培养出具备创新精神和实践能力的高素质人才。这些人才在社会上的表现和成就,将直接关系到高校的社会声誉和地位。

第三,教学质量管理能够加强高校的内部管理。科学、规范的教学质量管理需要建立完善的管理制度和机制,加强对教学过程的监控和评估。这些措施能够促使高校加强内部管理,提高管理效率和管理水平,从而提升高校的声誉和地位。

第四,教学质量管理有助于高校的品牌建设。品牌是高校的重要资产之一,优秀的教学质量能够为高校树立良好的品牌形象。通过教学质量管理,高校可以打造自己的品牌特色和优势学科,提高自身的知名度和美誉度,从而吸引更多的优质资源和优秀学生。

二、高等教育教学质量管理的主要内容

(一)高校教学目标管理

高校教学目标管理是教学质量管理中的重要内容,是指根据高校的战略规划和办学定位,制订明确、具体的教学目标,并采取一系列的管理措施来实现这些目标。这一过程不仅确保了教学活动与高校的整体发展方向和人才培养目标相一致,而且还激发了师生的积极性和创造力,进一步提升了教学质量。

高校教学目标管理的前提是深入理解高校的办学理念、发展目标和定位。这意味着高校需要对其所处环境、资源条件、优势与不足进行全面分析,明确自身的定位和发展方向。在此基础上,才能制订出科学、合理的教学目标。

制订明确、具体的教学目标是高校教学目标管理的核心。这些目标应具有可衡量性、可达成性和挑战性,能够为教学工作提供明确的方向和标准。同时,这些目标还应与高校的整体战略规划相一致,确保教学工作与高校的发展目标相呼应。

接下来,高校需要围绕这些教学目标开展一系列的管理活动。这包括制订教学计划、组织教学资源、安排教学任务、实施教学评估等。在这一过程中,高校需要关注目标的可操作性和合理性,确保管理措施的有效实施。

此外,建立有效的目标考核与激励机制是高校教学目标管理中不可或缺的一环。通过合理的考核机制,高校可以对教学目标达成情况进行客观、公正的评价,为进一步改进提供依据。同时,激励机制可以激发师生的积极性和创造力,促使他们为实现教学目标而努力。

加强教学过程的监督和指导也是教学目标管理的重要环节。通过定期的教学检查、评估和反馈,高校可以及时发现教学中存在的问题和不足,并采取有效的措施进行改进。这有助于确保教学质量的稳定和提高,进一步实现教学目标。

(二)高校教学质量控制

实施高校教学质量管理要对每一个可能影响它的环节进行控制,对教学全程、高校全员和高校工作全局进行管理,这样才可能更好地对高校教学质量进行控制。

1. 教学全程管理

高校教学的整体质量与每个教学环节的质量之间密切相关,教师的备课、上课、考试考核等情况都会对教学质量产生影响。因此,需要有针对性地提高教师在教学过程中的每一个环节的教学质量,保障教学全过程的水平和最优化。只有每一个环节都得到提升,才能实现整体教学质量的提高。

2. 高校全员管理

在高校管理中,人的因素是最为重要的。如果没有教师素质的整体提高,就无法提高高校的教学质量。因此,在对教学质量进行管理时,高校必须紧紧围绕教学这个核心环节,充分发挥教师的主导作用和学生的主体作用。高校全员的活动都应该围绕教学目标展开,这是至关重要的。

3. 高校工作全局管理

教学是高校的核心工作,而德育工作、后勤工作和课外教育等工作都是为教学服务的。为了减少不必要的摩擦和损耗,高校需要处理好教学与其他各项工作的关系,并建立教学工作协调机制。只有在教学与其他工作相互配合、协调一致的基础上,才能实现高校的整体发展和提高教学质量。

三、高等教育教学质量管理的主要程序

高等教育教学质量管理是一个复杂而重要的任务,它涉及多个环节和程序。以下是其中的一些主要程序。

(一)做出决策

在决策阶段,要做好发现问题、确定目标、确定准则、拟制多样化方案、分析评估、方案优选、试点等环节的工作。

1. 发现问题

决策通常始于发现问题的过程。在我国高校的教学和管理工作中,存在一些或多或少的问题,而高校管理者由于缺乏相应的业务水平和政治思想水平,往往无法发现和解决这些问题。因此,高校领导者首先要培养自己善于发现问题的能力,具备与时俱进的改革眼光。只有通过发现问题并加以解决,才能不断提升高校的教学和管理水平,为学生的成长和发展提供更好的支持。

2. 确定目标

在当前的教育背景下,我国的教育目标清晰明确,旨在培养具有社会主义觉悟、有文化、身体健康的新一代劳动者,以及有理想、有道德、有文化、有纪律的一代新人。这一目标的实现,需要各级各类学校紧密围绕国家的相关规定,制订出每个学年、学期提高教学质量的具体目标。

对于高校而言,教学质量管理是一个至关重要的环节。从校长的领导到教务主任的管理,再到教职工的执行,每个人都扮演着重要的角色。为了确保教学质量的持续提升,每个人都应制订个人的教学目标,以协同实现整体的教学质量提升。

校长的角色是引导和决策。他们需要制订学校的整体教学质量目标,并确保这些目标与国家的政策和教育目标相一致。同时,校长还需要为教职工提供足够的资源和支持,推动教学质量管理的实施。

教务主任作为教学管理的中坚力量,需要将校长的决策转化为具体的行动计划。他们需要协调各个部门的工作,监督教学活动的进行,确保教学质量的稳定和提高。此外,教务主任还需要与教职工保持密切的联系,及时发现和解决问题,提供必要的指导和支持。

教职工是教学质量管理的核心执行者。他们需要按照既定的教学目标和计划,认真履行教学职责,不断提高自身的教学水平。同时,教职工还需要关注学生的学习需求和发展,提供个性化的教学服务,帮助学生实现全面发展。

综上所述,高校教学质量管理是一个系统性的过程,需要所有人员的共同努力和协作。

3. 确定准则

从整体上来说,各级各类学校高校教学质量管理的准则应当包括学术价值、社会价值和经济价值。

高校教学质量管理的学术价值指的是实现高校教学目标的具体措施、方法、途径等是否符合教学客观规律和教学基本原则,是否达到了同类型学校中的先进水平,是否符合现代科学管理等。

高校教学质量管理的社会价值指的是选择某个学校发展方案之后所产生的社会影响、社会效益等是否有利于培养社会所需要的人才。

高校教学质量管理的经济价值,就是指是否符合勤俭办学的基本原则,能否充分利用本校的器材设备。另外,在人力资源安排、物力的使用上,能否做到人尽其才、物尽其用。

4. 拟制多样化方案

高校教学质量管理的方案制订需要多样化,并且需要根据实际情况进行定制。

第一,针对不同学生群体制订不同的评估方案。例如,对于不同年级的学生,可以制订不同的学习目标和评估标准。对于大一新生,可以重点评估其适应能力和基础知识掌握情况,而对于大三、大四的学生,可以重点评估其专业知识和应用能力等方面。

第二,针对不同课程类型制订不同的评估方案。例如,对于理论课程和实践课程,可以采取不同的教学质量评估方式。对于理论课程,可以重点评估教师的教学内容、深度和准确性等方面,而对于实践课程,可以重点评估学生的实际操作能力、技能掌握和应用能力等方面。

第三,利用新技术和创新方法制订更加科学、有效的评估方案。例如,利用大数据技术对教学质量进行全面分析,利用人工智能技术对教学问题进行智能诊断和解决。这样的创新方案可以提高评估的准确性和可靠性,帮助教师更好地了解自己的教学质量,并针对性地进行改进。

第四,制订综合评估方案,将多种评估方式结合起来。例如,可以将学生评价、同行评价、教师自评等多种评价方式综合起来,或者将定量评估和定性评估等多种评估方法结合起来,以获得更加全面、客观的评估结果。

无论采取何种方案,都需要考虑到高校实际情况的差异,根据本校的具体情况采取不同的教学质量管理方案。这样才能更好地满足实际需求,提高教学质量。

5. 分析评估

评估与分析是至关重要的环节,旨在精准地甄选出最符合特定需求和目标的方案。这一过程要求全方位、细致入微的分析,确保所有的利弊得以权衡,从而作出最优决策。

组建专家组是实现这一目标的有效手段。凭借其丰富的专业知识和经验,专家能够对每个方案进行深入剖析,指出其优点、不足及潜在风险,提供极具参考价值的意见和建议。这种专业的反馈不仅有助于组织作出更加明智的决策,还能提升决策的合理性。

6. 方案选优

分析评估工作选出的最优化方案并不一定就是最终的方案。通常,我们会根据评估结果选出几个最优的方案,然后进一步对这些方案进行综合加工,以形成一个更加完美的方案。

这个综合加工的过程是一个创新和优化的过程,它不仅可以将不同方案的优点结合起来,还可以消除其中的缺点和风险,从而得到一个更优的方案。

此外,这个综合加工的过程还可以考虑实际情况和需求。例如,一个方案可能在理论上是最优的,但在实际操作中可能存在一些困难或限制。通过与其他方案进行比较和综合,可以找到一个更符合实际情况和需求的最优方案。

因此,分析评估工作不仅选出了最优化方案,而且为最终方案的确定提供了有价值的参考和指导。

7. 试点

在方案确定之后,为了验证其可行性,需要在高校内部选择具有代表性的"试点"进行试验。这一选择至关重要,因为试点必须具备普遍性特点,不能包含过多的特殊条件。

试点的选择应当能够代表整个高校的情况,以便准确测试方案的适用性。如果选择具有特殊条件的试点,那么测试结果可能只适用于该特定情况,无法适用于更广泛的情况。因此,在选择试点时,必须确保其具有代表性,能够真实反映高校的整体状况。

通过在试点实施方案上进行细致的观察和评估,可以更好地了解方案的可行性和效果。试点试验的结果可以为后续的推广和实施提供宝贵的参考和借鉴。

(二)制订计划

在制订计划阶段,要做好以下几点。

1. 有的放矢,重点突出

高校教学工作是一个庞大而复杂的体系,涉及众多方面和环节。即使是办学条件优越的学校,每个年级、每个学科的发展状况也难免存在差异和不均衡的现象。在这种情况下,为了推动整体教学质量的提升,需要选准那些相对薄弱的环节,集中力量进行重点突破。

第二章　高等教育的教学管理研究

针对这些薄弱的环节,高校需要制订有针对性的改进计划和措施。这可能包括增加教学资源投入、优化课程设置、加强教师培训和提高教学质量监控等方面的措施。通过重点突破这些薄弱环节,高校可以逐步解决教学中存在的问题,提高整体的教学质量。

同时,高校还需要建立有效的反馈机制,对改进措施的实施情况进行持续的跟踪和评估。这有助于及时发现问题和不足之处,不断改进教学计划和措施。

2. 发动群众,统一认识

在制订高校教学质量管理计划时,有时正确的意见或措施可能会在初期受到质疑或不被接受。然而,通过发动群众进行深入的讨论,尤其是在实践中进行验证,这些正确的意见最终会被广泛承认、接受和支持。

因此,有效地发动群众,包括学校的管理层、教师及其他员工,是至关重要的。这有助于统一大家的认识,明确教学质量管理计划的具体实施。通过集思广益和深入讨论,可以充分挖掘和利用集体的智慧和力量,共同推动教学质量管理的进步和发展。

在这个过程中,管理层需要发挥引领作用,鼓励员工积极参与讨论和提出意见。同时,管理层也需要认真倾听员工的意见和建议,及时调整和完善计划,确保其实施的有效性和可行性。

教师和其他员工是教学质量管理计划的具体执行者,他们的参与和支持对于计划的成功实施至关重要。通过激发他们的积极性和创造力,可以进一步推动教学质量管理的创新和发展。

3. 上下结合,协调全局

在学校的高校教学质量管理工作中,上级部门布置的任务必须与本校的实际情况相契合。具体而言,对学校领导的要求应与对各个职能部门、教研组和教师的需求相协调。对于教师而言,他们需要从学生的实际情况出发,将其转化为学生的自觉需求。

教师必须认真学习和准确领会上级指示的精神实质,对教学工作的实际情况、基本经验、主要问题等进行深入的调查和研究,以便全面了解各项工作的全貌。否则,教师在制订计划时容易陷入主观主义和教条主义的误区。

为了确保教学质量管理工作的有效实施,教师需要深入了解学生的需求和特点,关注学生的学习进展和反馈,及时调整教学策略和方法。同时,教师还需要与上级部门、学校领导和其他教职工保持密切的沟通和协作,共同探讨教学质量管理的有效途径和方法,提高整体的教学质量。

通过结合实际情况和上级要求,以及深入的调查和研究,教师可以更好地制订符合实际的教学计划和管理措施,提高教学质量管理的科学性和有效性。这有助于培养更多优秀的人才,促进学校的持续发展和进步。

4. 远近结合,统筹安排

制订长远计划和近期目标能够为工作指明方向,拓展视野,并增强工作的系统性和连续性。这种规划方式可以有效地避免工作的盲目性和滞后性。

长远计划的制订能使未来的发展方向更加明确,为长期发展提供指导。近期目标的设定则能激发团队的积极性和行动力,使团队成员能够稳扎稳打,逐步实现目标。

通过实践,团队可以总结出成功的经验,这些经验对于处理可能出现的问题具有重要的指导意义,为最终实现计划提供坚实的保障。同时,这些经验也能为未来的工作提供有益的参考,促进工作的持续改进和优化。

(三)安排好教务工作

高校领导应充分认识到教务工作在高校教学质量管理体系中的重要地位,并给予其应有的重视。教务处作为连接教学相关信息渠道的关键节点,发挥着不可或缺的信息反馈作用。为了加强教务工作,高校可以采取以下措施:

首先,对教务处的工作人员进行系统的培训,提高他们的整体素质和专业水平。培训内容可以涵盖专业技能、沟通技巧、信息反馈等方面,

第二章 高等教育的教学管理研究

以帮助教务工作人员更好地履行职责。通过培训,教务工作人员可以增强自己的能力,提高工作效率和质量。

其次,将教务工作人员纳入高校教学质量管理系统,使其成为其中的一部分。由领导进行统一的组织和调度,这样可以增强教务工作与其他教学工作的协调性和配合度,提高整体工作效率。通过系统的管理,教务工作人员可以更好地与其他部门和教师进行沟通和合作,共同推动教学质量的提升。

最后,高校领导需要制订相应的考核奖惩制度,以激发教务工作人员的工作积极性和主动性。设立明确的考核标准,对教务工作人员的工作表现进行评价,并根据评价结果进行奖励或惩罚。这样可以激励教务工作人员更加认真地履行职责,提高工作质量和效率。

(四)总结与改进

每个学期结束之际,校长和相关管理人员都需要对教学质量管理进行全面的总结。这一过程不仅是对过去工作的回顾,更是对未来工作的指导和启示。总结不应过于冗长,而应精简扼要,直指核心。最重要的是,总结应提炼出几条切实可行、行之有效的经验,为今后的工作提供宝贵的借鉴。

在总结中,应特别关注那些取得显著成果的经验和做法。例如,某些教学方法、课程设计或学生支持策略在提高教学质量方面取得了显著成效。这些成功的经验可以为其他教师和管理人员提供实际的参考,帮助他们更好地开展教学工作。

同时,总结中也不应忽视那些未能取得预期效果的方面。对于失败的教训,也应进行深入的分析和反思。通过找出失败的原因,可以为今后的工作提供警示,避免重蹈覆辙。

除了对成功和失败经验的总结,总结中还应明确指出今后需要改进和加强的领域。这可能涉及教学资源、教师培训、课程设置等方面。通过明确指出改进的方向和目标,可以为下一学期的工作制订更加切实可行的计划和策略。

(五)稳定秩序

1. 稳定工作秩序

在高校教学质量管理工作中,建立稳定的工作秩序至关重要。这一秩序应以教学为中心,全面贯彻国家教育方针政策,确保各部门都能积极参与其中。只有这样,教学质量管理才能保持有效性和持续性。

在这个稳定的工作秩序中,各个部门需要相互配合、协调发展,形成一个整体,共同为教学工作提供支持。这有助于避免各自为政、自由散漫的情况,从而确保工作秩序的稳定。

为了实现这一目标,高校内部的各个部门需要明确各自的职责和任务,并保持良好的沟通和协作。教务处需要与教师和学务部门密切配合,以确保教学计划的合理性和执行效果。同时,学生事务部门需要与教师和教务处密切配合,以确保学生支持服务的有效性和持续性。

此外,为了进一步提升教学质量管理的水平,高校还应制订科学合理的教学质量管理政策和标准,并对教学质量进行持续的监测和评估。在这个过程中,各个部门需要积极参与,提供必要的支持和配合。通过这种方式,高校可以不断优化教学质量管理,提高教学效果,培养更多优秀的人才。

2. 稳定教学秩序

要确保高校教学秩序的稳定,需要高校教师和全体教职员工的共同努力。具体来说,以下是一些关键的措施。

第一,在新学期开始时,高校教师和教职员工应通过开展思想政治工作,引导学生适应新的学习任务。这包括帮助学生了解学校的总体概况、校纪校规以及学生守则,使他们能够尽快适应高校生活。通过这样的引导,可以增强学生对学校的归属感和责任感,进而促进各个年级秩序的稳定。

第二,为了激发学生的学习积极性和兴趣爱好,培养学生的自主性和自我控制能力,高校教师和教职员工应采用多样化的教学方式、设计有趣的课程内容以及组织实践性的教学活动。当学生的注意力集中在学习和自我提高上时,这将有助于教学秩序的稳定,并进一步提升教学质量。

第三,为了协调各部门的工作,避免各自为政的现象,高校应在总课表上统一安排思想政治工作、教学工作和各种活动等。这样有助于确保教学工作的顺利进行,减少资源浪费和重复劳动。

第四,及时公布课程表、作息时间表、校历表等重要信息,并提前公布每周会议活动的安排,以便相关人员提前做好准备。这可以增强教学的计划性和可预见性,帮助学生合理安排时间和精力,从而进一步保证教学秩序的稳定。

第三章　高等教育的科研管理研究

在高等教育体系中,科研管理占据着举足轻重的地位。它是高等教育体系与科技创新、社会经济发展之间的重要桥梁。随着知识经济的快速发展和科技创新的日新月异,科研活动在高等教育中的地位和作用日益凸显。如何有效地管理和推动科研活动,培养创新型人才,促进学术交流与合作,成为高等教育机构面临的重大挑战。

第一节　科研管理的内涵

一、科研管理的定义

科研管理是指对科学技术研究活动的计划、组织、协调和监督的过程。这个定义强调了科研管理是对研究活动全过程的管理。科研管理的目的是提高研究效率,保障研究质量,推动科学技术进步。

二、科研管理的重要性

科研管理的重要性主要表现在以下几方面。

(一)科研管理可以提高研究效率

通过合理安排研究资源和时间,科研管理能够使研究工作更加高效,避免资源的浪费和重复研究。有效的科研管理能够优化研究过程,

第三章 高等教育的科研管理研究

提高研究效率和成果的产出。

(二)科研管理可以保证研究质量

制订科学的管理制度和评价体系,对规范科研活动的过程和结果起到至关重要的作用。通过规范化的管理,可以确保研究的科学性和严谨性,提高研究结果的质量和可靠性。同时,对研究成果的评估和审核也能够保证其质量和可信度。

(三)科研管理可以促进科研成果的转化和应用

科研成果的转化和应用是科研工作的最终目的。通过科学的管理手段和方法,可以更好地把握科研成果的转化机会,推动科技成果的产业化和社会化。这不仅能够提高科研成果的应用价值,还能够为社会的发展和进步作出贡献。

(四)科研管理可以提高教师综合素质

在高校中,教师是科研工作的主体。通过对科研课题的有序管理,可以增强教师对课题研究工作的重视程度,提高教师的学术水平和教学能力。同时,教师参与科研工作也有助于提高其学术声望和社会影响力。

(五)科研管理可以优化资源配置

在科研工作中,资源是有限的。通过对资源的合理分配和管理,可以确保项目的顺利进行,避免因资源不足导致的项目延期或失败。同时,优化资源配置也有助于提高资源的利用效率和效益。

(六)科研管理可以加强团队协作

在科研项目中,团队协作至关重要。通过制订合理的团队管理制度和沟通机制,可以增强团队成员之间的协作效率,提高项目的成功率。同时,团队协作还有助于促进团队成员之间的知识共享和技术交流。

（七）科研管理可以提高项目管理的效率

在科研项目管理中，系统化、规范化的管理能够实现对项目从立项到验收的全过程管理。这包括项目计划、进度跟踪、成果汇报等各个环节的管理和监控。通过系统化管理，可以提高项目管理的效率和质量，确保项目的顺利完成。

三、高校科研管理的原则

高校科研管理应遵循一定的原则，概括来说，这些原则主要包括以下几方面。

（一）调动科研人员积极性的原则

高校科研管理应当以激发科研人员的创新热情和潜力为核心目标，通过调动其积极性来推动科研工作的创新和发展。为实现这一目标，高校应创造良好的工作环境和条件，确保科研经费充足、仪器设备先进、团队成员优秀。此外，建立有效的奖励机制也是必要的，如为优秀的科研成果提供奖励、提供晋升机会等，以此激励科研人员更加投入工作。

为了充分释放科研人员的创新能力和潜力，高校应赋予他们充分的自主权和决策参与权。科研人员应能自由选择研究项目和研究方向，并在研究中充分发挥其创造性和想象力。同时，高校应营造开放、包容的科研氛围，鼓励科研人员之间的交流与合作，促进知识共享和技术提升。

此外，高校还应重视对年轻科研人员的培养，为他们提供更多的培训和学习机会，助力他们提升科研能力和水平。同时，建立有效的反馈机制也是关键，这样能及时了解科研人员的工作状况和遇到的问题，为他们提供及时的帮助和支持。

（二）科研与教学、生产相促进的原则

从教育视角出发，该原则要求高校科研项目与教学内容深度融合。

这样的结合不仅有助于教师将理论知识融入教学实践,丰富教学内容,而且为教师提供了宝贵的实践经验,有助于其专业成长,进而提升教学质量。

同时,从产业的角度看,高校科研活动应当与生产紧密结合。科研的最终目的是满足社会生产需求,只有与实际生产活动相结合,高校科研项目才能精准定位,加速科研成果的转化和应用。这不仅有助于科研成果的产业化,还能为高校科研工作提供更多的资金支持,使其更好地为社会服务。

因此,高校在开展科研活动时,应充分考虑教学和生产的实际需求。通过科研与教学、生产相互促进的方式,不仅可以提高教学质量,还能加速科研成果的转化和应用,更好地为社会进步和发展作出贡献。

(三)科研机构稳定性和灵活性相结合的原则

高校科研管理在实践过程中应注重平衡科研机构的稳定性和灵活性。稳定性是确保科研活动具有持续性和创新性的基础,它要求高校科研机构的设置和运行保持一定的稳定性和连续性。这样的稳定性有助于形成长期的科研规划,确保研究方向的持续发展,为科研人员提供稳定的工作环境,促进研究的连贯性和深度,从而提高科研成果的质量和水平。

与此同时,灵活性也是至关重要的。科研机构需要具备应对外部环境和需求变化的调整能力和适应性。灵活性使高校能够及时抓住新的科研机遇,灵活调整研究方向和资源配置,以适应社会和经济发展的变化需求。这种灵活性有助于推动科研创新和科技进步,使高校能够迅速响应并适应不断变化的环境。

然而,过度强调稳定性可能导致科研机构变得僵化,难以适应外部环境的变化和新的需求;而过度强调灵活性则可能造成科研机构组织松散,缺乏长期规划和发展目标。因此,高校科研管理应当在稳定性和灵活性之间寻求平衡。既要确保科研机构的稳定性和长期规划,为其提供稳定的基础和支持;又要保持对外部环境和需求的敏感性和适应性,能够灵活应对变化,抓住新的机遇,推动科研的创新和发展。

通过实现稳定性和灵活性的平衡,高校科研管理能够更好地应对外部环境的挑战和机遇,保障科研活动的持续性和创新性,推动科技进步和社会发展。

(四)计划课题与自选课题相结合的原则

高校科研管理在实践中应遵循计划课题与自选课题相结合的原则。这两种课题类型各有优势,合理搭配能够更好地促进科研发展。

计划课题是根据社会和经济发展的实际需求规划的研究项目,通常是高校应承担的社会义务。这类课题具有明确的研究目标和方向,能够充分利用外部资源和政策支持,对于推动科技进步和社会发展具有重要意义。计划课题的优势在于其针对性和系统性,能够针对特定问题或领域进行深入研究,形成有价值的科研成果。

自选课题则是高校根据自己的实际情况和科研水平自由选择的研究项目。这类课题通常与科研人员的兴趣和长期关注的方向相关,具有较高的研究热情和积累,有利于推动学术创新和拓展研究领域。自选课题能够提高科研人员的自主性和创新能力,促进学术交流和合作。自选课题的优势在于其灵活性和创新性,能够激发科研人员的创造力和探索精神。

然而,单一的计划课题或自选课题都有其局限性。过度依赖计划课题可能导致研究过于定向和刻板,缺乏创新和多样性;而过度依赖自选课题则可能导致研究过于个人化和分散化,缺乏针对性和系统性的成果。

因此,高校科研管理应该注重计划课题与自选课题的结合。在规划研究项目时,应该兼顾社会经济发展的实际需求和高校自身的科研优势,同时给予科研人员充分的自主权和发挥空间,激发其创新热情和积极性。这样的科研管理方式有助于提高科研成果的质量和水平,推动科学技术的发展和社会进步。通过合理配置计划课题与自选课题的比例和资源,高校可以更好地发挥各自的优势,实现科研发展的全面提升。

(五)发挥优势、形成特色的原则

在国际科研竞争日趋激烈的背景下,我国的高校科研单位需具备战略眼光,不仅要有短期的发展规划,更要有长期的科研目标。这样的目标不仅关乎学术研究,更与国家的发展战略和国际地位息息相关。因

第三章　高等教育的科研管理研究

此,科研方向的设定必须科学、合理,要与国家的重大需求相匹配,与学科的发展趋势相一致。

为实现这一目标,高校首先需要明确自己的学科重点。这不仅涉及资源的分配,更关乎学校未来的发展方向。对于那些具有明显优势和特色的学科,高校应给予更多的科研资源支持,确保这些学科能在国内外学术界取得领先地位。

同时,在制订长远科研计划时,高校不能忽视自身的科研特点和优势。每所学校都有其独特的学科背景和资源,这些因素决定了其科研的潜力和方向。例如,师范院校在教育科研方面有着得天独厚的优势,而综合性大学可能在基础科研领域有更强的实力。因此,各高校在制订科研计划时,应充分考虑自身的特点和优势,确保计划的可行性和有效性。

此外,我国的高等教育体系中,不同类型和层次的高校都有其特定的科研任务和发展空间。为了更好地发挥各自的特色和优势,避免资源的重复投入和浪费,各高校在相同学科领域应有所侧重,形成不同的研究重点和特色。这样不仅可以提高科研的效率和质量,还能为国家的发展提供更有力的支持。

(六)加速科研成果转化和推广的原则

高校科研管理在实践中应遵循加速科研成果转化和推广的原则,以促进科学技术向实际生产力的转化,推动社会经济发展。这一原则强调将科研成果转化为实际应用,发挥其社会价值和经济潜力。

为了实现科研成果的有效转化和推广,高校应加强与产业界的合作,建立产学研合作机制。这种合作不仅能提供丰富的实践经验和资源支持,还有助于将科研成果更快地应用到实际生产中,缩短转化周期。通过与产业界的紧密合作,高校可以更好地了解市场需求和产业发展趋势,为科研提供更加精准的方向和目标。

同时,高校应注重培养和吸引具有创新精神和创业能力的人才。这类人才是推动科研成果转化的关键力量,他们能够将理论知识与实际需求相结合,实现科研成果的落地和产业化。高校应鼓励科研人员开展创新创业活动,为他们提供必要的支持和资源,推动科研成果的商业化和社会化。

此外，高校应加强知识产权的管理和保护。知识产权是科研成果转化的重要保障，通过合理的保护和管理措施，可以确保科研成果的合法权益不受侵犯，为成果的转化和推广提供法律保障。

高校还应积极开展科技成果宣传和推广活动。通过举办学术交流、技术展览和技术推广活动，向社会推介科研成果的价值和应用前景，提高社会对科研成果的认知度和认可度。这有助于吸引更多的合作伙伴和资源，加速科研成果的转化和推广。

最后，高校应建立科学的科研评估机制。这一机制应对科研成果的质量、应用价值和社会效益进行综合评估，为科研成果的转化和推广提供科学指导和支持。通过合理的评估，高校可以更好地了解科研成果的优势和不足，为后续的改进和推广提供依据。

（七）学科效益与社会效益相统一的原则

在当前时代背景下，高校科研项目的正确定位对于社会发展具有至关重要的意义。科学成果的突破性进展不仅能推动学科领域的进步，更能够带动整个社会经济的持续发展。因此，高校在开展科研活动时，必须将学科效益与社会效益紧密结合，确保科研项目既有深厚的学术基础，又能为社会进步提供实质性的支持。

第一，高校科研项目的定位应紧密结合社会发展的实际需求。这意味着科研项目不仅要解决学术问题，还要关注社会生产发展中遇到的具体挑战。通过深入研究社会发展中的痛点、难点，高校可以为相关产业或领域提供科学依据和技术创新，推动其健康、快速发展。例如，针对环境保护、新能源开发等社会热点问题，高校可以组织跨学科团队进行深入研究，为社会提供切实可行的解决方案，促进环境友好型社会的建设。

第二，高校科研项目的定位还应注重学科效益的推动。学科发展是高校科研的重要基石，通过不断推动学科领域的创新和进步，高校可以提高自身的学术水平和国际影响力。为此，高校应加强基础研究和应用研究，鼓励科研人员探索学科前沿，推动学术交流与合作。通过这样的努力，高校可以培养出一批高水平的科研人才，为社会提供源源不断的智力支持。

四、高校科研管理的主要内容

（一）科研计划管理

从实际操作的角度来看，现代高校科研管理的首要环节是科研计划管理。科研计划不仅是对未来的预测，更是决策的结果。对未来进行计划的过程，实质上就是对管理目标进行选择和确定的过程。

在制订科研计划时，高校需根据我国社会发展的需求和本校的实际情况，审慎选择重点学科项目进行建设，并确定一批能带动全局的重点课题。这样的选择不仅有助于集中资源和力量，更能确保科研工作的针对性和有效性。此外，高校还需组织校内外的科研力量，合理配置资源，并监督计划的实施过程，确保科研项目能够按计划顺利进行。

在管理实践中，应充分发挥教师的主观能动性。教师的创新精神和研究个性是科研工作的重要推动力。因此，应给予教师足够的空间和自由，让他们充分展现自己的研究能力和才华。但同时，对教师的活动也需进行适当的组织安排，确保他们能在关注自身研究的同时，与其他研究者保持密切的联系和合作。

通过科研计划管理，高校不仅可以促进学科优势的形成，提高科研项目的质量和效率，更能推动科研工作的全面发展。科研计划管理是现代高校科研管理的重要组成部分，对于高校的科研工作具有重要的指导和引领作用。

（二）科研资源管理

科研资源管理是高校科研管理中的关键环节，它涉及对科研活动所需的各种要素进行有效的管理和调控。这些要素包括人力资源、财力资源、物力资源和时间资源等。

人力资源是科研活动的核心。高校需要建立一套完整的招聘和培训体系，以确保拥有一支高素质、专业化、结构合理的科研团队。对科研人员的管理还包括考核和激励机制，通过合理的评价和奖励机制，激发科研人员的积极性和创造力。

财力资源是科研活动的基础,涉及科研经费的申请、分配、使用和监督等环节。高校需要建立严格的财务管理制度,确保科研经费的合理使用和有效投入,同时防止经费的滥用和浪费。

物力资源管理包括对科研设备的采购、维护和保养等。高校需根据科研需求,合理配置实验设备,并建立一套完善的设备管理制度,确保设备的正常运行和使用效益。

时间资源管理主要是对科研项目的进度和时间节点进行监控和管理。通过合理规划项目进度,确保项目按时完成,避免延误。同时,对时间资源的管理也有助于提高科研效率,确保科研活动的有序进行。

高效的科研资源管理能够合理配置和利用各种资源,提高科研效率和质量,为科研活动的顺利进行提供有力保障。因此,科研资源管理是高校科研管理的重要组成部分,对于推动高校科研事业的发展具有重要意义。

(三)科研机构和队伍管理

科研机构管理是高校科研管理的核心环节,主要负责对高校内的各个科研机构进行有效的组织、协调和管理。这不仅包括科研机构的设置、职责和运作,更涵盖了科研机构与外部环境的关系协调。

首先,科研机构的设置要基于学校的学科特色和发展战略,确保科研机构与学科发展需求相匹配。同时,科研机构的职责要明确,确保各机构在各自的领域内能够充分发挥作用,为学校的科研工作提供有力支持。

其次,在科研机构的运作管理方面,高校需要建立一套完善的规章制度,规范科研机构的管理和运作流程。这包括科研项目的立项、经费管理、成果评估和知识产权保护等方面。通过制订明确的规章制度,可以确保科研机构运作的规范性和效率性。

再次,科研机构的管理还需要注重与外部环境的联系与合作。高校应积极寻求与产业界、其他高校和研究机构的合作机会,通过合作项目、共建实验室等方式,拓展学校的科研领域和资源。同时,加强与外部环境的联系也有助于提高学校的知名度和影响力。

最后,科研队伍管理主要涉及对科研人员的管理。这包括科研人员的招聘、培训、考核和激励等方面。高校应建立一套科学、公正的考核评价体系,对科研人员的绩效进行客观、准确的评估。同时,通过提供充足的培训和发展机会,以及设计合理的激励机制,激发科研人员的创新潜能和工作热情。

(四)科研成果管理

科研成果管理主要是对科研项目所产生的成果进行管理和评价,包括论文、专利、研究报告、新产品等。科研成果管理的任务是对科研成果进行登记、鉴定、奖励、归档和推广,以实现科研成果的转化和应用。在科研成果管理中,要求管理者掌握有关的技术和经济法律法规,了解有关的专业知识和专业发展动态,提出具有先进水平的研究目标,引导项目的研究方向。同时,还需要具有较强的行政组织协调能力,充分发挥研究人员的积极性和创造性,使科研成果符合科技发展的自身规律。为了更好地进行科研成果管理,高校可以采取以下措施。

第一,建立健全的科研成果管理制度和流程,明确科研成果的登记、鉴定、奖励、归档和推广流程,确保科研成果管理的规范化和科学化。

第二,加强科研成果的推广和转化,与产业界建立紧密的合作关系,推动科研成果的应用和商业化。

第三,加强知识产权保护和管理,建立健全的知识产权保护机制和规章制度,保护科研人员的知识产权权益。

第四,建立科学的评价机制,对科研成果进行科学、客观的评价,鼓励优秀的人才作出更多、更好的科研成果。

第二节　高等教育知识产权管理

随着知识经济的快速发展,知识产权在高等教育中的地位日益凸显。知识产权管理不仅是保护创新成果的重要手段,更是激发教师与学生创新热情、推动高等教育可持续发展的关键环节。

一、高等教育知识产权管理的必要性

高等教育知识产权管理在保护创新成果、提升国际竞争力、培养创新人才、推动科技成果转化等方面都具有重要意义。因此，高校应加强知识产权管理，建立健全的管理体系，采取有效的管理措施，以适应知识经济发展的新要求，为我国科技创新事业的发展作出更大的贡献。

（一）保护创新成果

知识产权是高校科研成果的重要组成部分，是高校创新驱动发展的关键要素。知识产权的有效管理不仅有助于保护高校的科研成果，防止侵权行为，而且能够促进科技成果的转化和应用，推动高校的创新发展。

（二）提升国际竞争力

随着经济全球化和知识经济的发展，知识产权的国际竞争日益激烈。加强高等教育知识产权管理，有助于提升我国高校的国际竞争力，参与国际知识产权竞争，推动我国科技事业的发展。

（三）培养创新人才

高校作为国家创新体系的重要组成部分，承担着培养创新人才的重要使命。通过加强知识产权教育，可以提高学生的知识产权保护意识，培养他们的创新精神和能力，为国家的创新发展提供人才保障。

（四）推动科技成果转化

知识产权的有效管理有助于推动产学研一体化发展。高校与企业、研究机构的合作是实现科技成果转化的重要途径。通过知识产权管理，可以搭建合作平台，促进产学研之间的深度合作，推动科技成果的商业化应用。

二、高等教育知识产权管理的内容

概括来说,高等教育知识产权管理的内容主要包括以下几个方面。

(一)校名、校号、校训使用权的管理

在现代社会中,高等院校的校名、校号和校训等标识不仅是学校的象征,更是其无形财产的重要组成部分,属于知识产权的范畴。这些标识代表了学校的品牌形象和文化底蕴,是学校知识产权中极具价值的部分。

校名、校号和校训是学校品牌形象的核心元素。它们不仅是学校的标识,更是其文化内涵和社会价值的体现。校名和校号是学校的身份标识,代表着学校的独立性和专属性;而校训则是学校教育理念和价值观的集中体现,是学校文化的精髓。这些标识对于树立学校的品牌形象、提升其社会声誉和认知度具有至关重要的作用。

对于校名、校号和校训使用权的管理,现代高等学校必须采取严谨的管理措施。根据《商标法》等相关法律法规,高校应该建立一套完整的管理办法,以确保这些标识的使用权益不受侵犯。这些管理办法应该包括以下几个方面。

1. 注册与保护

高校应尽早为校名、校号和校训等标识进行商标注册,以获得法律保护。注册后,学校将拥有这些标识的专用权,可以防止他人非法使用或注册相似标识,从而保护学校的品牌形象和知识产权。

2. 使用规定

高校应制订明确的使用规定,规定校名、校号和校训等标识的使用范围、方式和限制条件。例如,规定只能在特定场合、以特定方式使用这些标识,禁止擅自更改标识的字体、颜色或用途。通过规范使用行为,确保学校标识的统一性和规范性。

3. 监管与维权

高校应设立专门的监管机制,对校名、校号和校训等标识的使用情况进行监督。一旦发现侵权行为或不当使用,应采取及时有效的措施进行制止和维权。这包括与侵权方进行沟通协商、提起法律诉讼等途径,以维护学校的合法权益。

4. 合作与授权

在某些情况下,高校可能需要与其他组织或企业进行合作,涉及校名、校号和校训等标识的使用。在这种情况下,高校应制订严格的授权机制,对合作方进行审查和筛选,确保合作方具备合法资质和良好信誉。通过合理授权,既能实现学校标识的社会传播价值,又能确保学校的权益不受损害。

5. 培训与宣传

高校应加强师生员工对学校标识知识产权保护的意识。通过开展相关培训和宣传活动,使师生员工了解学校标识的重要性和保护措施,提高他们的知识产权保护意识,共同维护学校的品牌形象。

(二)专利权的管理

根据《专利法》的规定,专利权是指发明人、设计人或其他专利申请人向国家专利机关提出申请,经审查合格后授予的专利权。这种权利赋予了专利权人在一定时间内对其发明创造享有独占权,其他人未经专利权人许可,不得进行制造、使用、销售、进口其专利产品或使用其专利方法。

在高等教育知识产权管理中,专利权的管理是一个至关重要的环节。首先,高校作为科技创新的重要基地,拥有大量的科研成果和发明创造,这些成果往往具有很高的经济价值和市场前景。因此,高校应该建立一套完善的专利管理制度,包括专利申请、审查、维护和管理等方面,以确保这些发明创造能够得到及时、有效的保护。

其次,高校应该积极鼓励师生进行发明创造,并提供相应的支持和帮助。这包括提供专利申请的咨询、指导、审核等服务,帮助师生了解专利申请的流程、要求和注意事项。同时,高校还应该设立专门的专利审查机构,对专利申请进行严格的审查,确保专利申请的质量和授权的可靠性。

再次,高校还应该加强对专利的维护和管理。这包括对专利进行年费缴纳、续展、维权等,以确保专利权的长期有效性和市场的竞争力。同时,高校还应该建立专利信息平台,收集、整理和发布相关领域的专利信息,为师生提供便捷的专利查询和咨询服务。

最后,为了确保专利管理的规范性和有效性,高校还应该建立完善的专利管理制度和办法。这些制度和办法应该包括专利申请、审查、维护和管理等方面的具体规定,明确各方的权利和义务,确保专利管理工作的有序进行。

(三)著作权的管理

高校作为人才聚集、学术研究的重要基地,汇聚了大量的优秀学者和科研团队。这些学者和团队在学术研究、科技创新等方面取得了丰硕的成果,而这些成果往往以论文、专著、文学艺术作品等形式呈现。著作权作为保护这些理论研究成果的重要财产权形式之一,在高等教育知识产权管理中占据举足轻重的地位。

著作权保护的范围广泛,涵盖了科技论文、专著、文学艺术作品等各类形式的著作。这些作品不仅是学者的心血结晶,更是高校学术声誉和知识产权的重要组成部分。因此,加强对著作权的管理和保护,对于维护高校的合法权益、推动科技成果的转化和推广应用具有重要意义。

具体而言,高等教育知识产权管理部门应该建立相应的管理制度和办法,对著作权的申请、登记、使用和转让等环节进行规范和管理。这些制度应该明确著作权的归属、使用权限、转让程序等具体内容,确保各方权益得到有效保障。同时,管理部门还应该加强对著作权侵权行为的监管和打击,维护良好的学术生态环境。

在作品的使用和出版发行方面,高校应该通过签订合同等方式进行授权使用,并明确使用范围、使用方式、费用支付等具体内容。这样可以确保作品得到合法、合规的使用,避免侵权纠纷的发生。同时,高校还应该积极与相关机构、企业开展合作,推动科技成果的转化和应用,实现学术研究的社会价值和经济价值。

加强对师生员工的知识产权宣传和培训也是非常重要的。通过开展知识产权宣传周、专题讲座等形式多样的活动,提高师生员工的知识产权意识和保护意识,引导他们正确地保护自己的著作权。同时,高校还应该鼓励师生积极申请专利、商标等其他形式的知识产权保护,全面提升学校的知识产权保护水平。

建立科学的知识产权管理体系是实现著作权有效管理和保护的重要保障。这个体系应该包括知识产权管理机构、管理制度、服务平台等多个方面。通过完善的管理体系,高校可以更好地整合资源、提高管理效率,实现对著作权等知识产权的全面保护和管理。

(四)非专利科研成果权的管理

在高校的科研活动中,有时候会出现一些不申请专利或者无法通过专利权进行保护的科研成果。这些成果虽然无法得到《专利法》的保护,但仍然是高校重要的无形财产。为了确保这些成果得到妥善的管理和保护,高校需要建立一套完善的管理机制。

首先,高校应该明确这部分科研成果的范畴和特点,这可能涉及技术保密、商业利益、法律风险等方面的考虑。对于这部分成果,高校应该设立专门的管理机构或团队进行审查和评估,确保这些成果的安全性和价值。同时,高校还应该建立科研成果数据库,对这些成果进行分类、归档和跟踪管理,以便于后续的利用和开发。

其次,高校应该采取一系列措施来管理和保护这些无法申请专利的科研成果。具体而言,高校可以采取以下措施。

第一,建立完整的档案管理制度。对于无法申请专利保护的科研成果,高校应该建立完整的档案,记录成果的研究内容、研究方法、技术路线、应用前景等相关信息。这些档案应该严格保密,只有经过授权的人员才能查看和使用。同时,应该定期对档案进行更新和维护,确保信息的准确性和完整性。

第二,签订保密协议。对于涉及技术保密的科研成果,高校可以与相关的研究人员、实验人员、管理人员等签订保密协议,确保不会泄露

第三章　高等教育的科研管理研究

科研成果的机密信息。通过签订保密协议,可以明确各方的保密义务和责任,防止机密信息的泄露和滥用。

第三,科技成果的转化和推广。对于具有潜在应用价值的科研成果,高校可以通过科技成果转化、技术推广、产学研合作等方式,将其转化为实际应用。这不仅可以提高科研成果的经济价值,还可以为社会发展和科技进步作出贡献。同时,通过与产业界的合作,可以进一步促进科技成果的转化和推广,实现科研成果的社会价值和经济价值。

第四,奖励和激励措施。对于在科研活动中作出重要贡献的研究人员和实验人员,高校可以采取相应的奖励激励措施,例如给予奖金、晋升职称、评奖评优等。这可以激发科研人员的积极性和创造力,促进更多的优秀科研成果的产生。同时,通过奖励和激励措施,可以进一步鼓励科研人员加强知识产权保护意识,提高科研成果的质量和水平。

（五）其他形式知识产权的管理

除了专利权、商标权和著作权等常见形式外,高等教育知识产权管理还涵盖了许多其他重要内容。这些内容包括但不限于高校经营发展方法的管理、学校企业商标权的管理、计算机软件使用的管理、知识产权档案和保密工作的管理等。

首先,高校经营发展方法的管理与商业秘密的管理相似,对于高校的商业运营和发展具有不可估量的价值。这种管理的重要性在于,如果这些发展方法和策略得到妥善的保护和管理,它们可以为高校创造巨大的经济利益;反之,如果管理不当,可能会给高校带来重大的经济损失和声誉损害。因此,高校必须建立一套完整的管理制度和机制,以确保这些重要资产得到充分的保护。

其次,学校企业商标权的管理也是知识产权管理中不可或缺的一部分。作为学校企业的商标所有人,高校需要采取一系列措施来保护其商标不被侵权或滥用。这包括对商标的使用进行规范和管理,防止任何未经授权的商标使用行为,同时也要通过商标许可、转让等方式,合理利用商标资源,提高高校的商业价值。

再次,计算机软件使用的管理也是不容忽视的一环。在当今信息化社会,计算机软件在高校的教学和科研中发挥着越来越重要的作用。因此,高校必须确保所使用的软件是合法和合规的,以避免任何可能的法律纠纷。对于自主研发的软件,高校还应加强知识产权保护,防止软件被侵权或盗版。

最后,知识产权档案和保密工作的管理也是知识产权管理中不可或缺的一部分。高校需要建立完整的知识产权档案,记录知识产权的申请、授权、转让等情况,并对档案进行严格的保密和管理。这些档案是高校知识产权的重要记录和证据,必须妥善保管。同时,对于涉及商业机密或技术机密的信息,高校应采取严格的保密措施,确保这些信息不被泄露给无关人员。

三、高等教育知识产权管理的措施

（一）提高知识产权意识

知识产权在高校中不仅是其重要资产,更是高校技术创新和学术声誉的坚实基石。正因为如此,高校必须加强对其知识产权的管理和保护工作,并且不断提高全校师生员工的知识产权意识和认识水平。

在高等教育知识产权管理工作中,获得学校决策者、管理人员和科研人员对知识产权保护和管理的认同和支持具有决定性的意义。

首先,决策者和管理人员的认同和支持能为知识产权管理提供必要的资源和支持,从而确保知识产权管理工作的有效开展。他们的支持和参与能够为知识产权管理提供明确的指导和方向,确保各项措施得到充分实施。

其次,科研人员的认同和支持对促进科技成果的转化和应用,以及提高知识产权的创造和保护水平至关重要。科研人员是高校技术创新和学术研究的中坚力量,他们的支持和参与能够为知识产权管理提供强大的动力。通过他们的努力,高校的科技成果能够更好地转化为实际应用,同时也能提高知识产权的创造和保护水平。

最后,高校还应加强对知识产权保护的宣传和教育,以强化师生员工的知识产权观念和意识。这可以通过开展知识产权知识竞赛、组织知识产权保护研讨会等方式实现。通过这些活动,高校可以激发师生员工对知识产权保护的兴趣和热情,提高他们对知识产权保护的重视和支持。

第三章 高等教育的科研管理研究

（二）做好组织建设工作

为了实现有效的组织功能，高校必须对学校组织机构和管理方式进行有针对性的创新。这不仅有助于提高组织效率，还能为知识产权管理提供更好的支持和保障。具体来说，高等教育知识产权管理组织结构的优化需要从纵向和横向两个方面进行考虑。

在纵向方面，高校可以采取校、院系两级管理或校、院系、课题组三级管理的方式。这样的层级结构能够更好地分配和协调资源，确保知识产权管理工作得到有效执行。同时，高校需要明确各级管理机构的功能和职责，避免出现多头管理、重复管理等问题。过多的层级或不明确的管理职责可能导致管理混乱和效率低下，从而影响组织功能的发挥。因此，高校需要合理设置管理层次，明确各级职责，确保管理工作的顺畅进行。

在横向方面，高等教育知识产权管理涉及多个职能部门，如科研处、成果处、知识产权办公室等。这些部门各自承担着不同的职责，但都对知识产权管理产生重要影响。因此，高校需要加强各个职能部门之间的沟通和协作，建立有效的信息共享机制。通过加强部门间的信息交流和合作，可以避免出现信息孤岛和资源浪费的现象，提高组织整体的工作效率。同时，高校可以设立专门的知识产权管理部门，负责协调各个职能部门的工作，确保知识产权管理工作的一致性和连贯性。

（三）加强制度建设

制度是组织有序运行的基石，对于知识产权管理而言，完善的制度能够提供明确的指导原则和规范，确保各项工作得以顺利进行。

首先，建立完善的知识产权管理制度能够明确知识产权的归属和管理责任。通过制订明确的规章制度，明确高校师生员工的权利和义务，可以避免知识产权纠纷的发生。同时，管理制度还能够明确管理流程和程序，为知识产权的申请、保护、转化等提供明确的操作指南。

其次，加强制度建设能够提高知识产权管理的效率和效果。通过制订合理的管理制度，可以优化管理流程，提高管理效率。例如，建立知识产权评估机制，可以对知识产权的价值进行科学评估，为知识产权的转让、许可等提供依据。同时,管理制度还能够促进各部门之间的协作和信息共享,避免资源浪费和重复劳动。

最后,加强制度建设还能够提升全校师生员工的知识产权意识和素养。通过制订知识产权教育制度和培训计划,可以定期开展知识产权培训和宣传活动,提高师生员工的知识产权意识和素养。只有当全校师生员工都能够充分认识到知识产权的重要性,才能够更好地维护高校的合法权益。

(四)建立健全知识产权管理机制

为了实现科学化、法制化、国际化的标准,高校需要制订知识产权管理战略,并建立有效的知识产权管理机制,具体可以从以下几方面努力。

第一,高校可以开展知识产权培训课程、专题讲座、案例分析等形式的培训,帮助师生了解知识产权的基本知识、申请流程、保护方法等,提高他们的知识产权意识和能力。

第二,高校可以设立专利申请奖、专利授权奖、专利实施奖等多种奖励方式,对取得专利的学生和教师进行奖励,激励他们进行创新和发明。

第三,高校可以与外界进行合作交流,建立产学研合作机制,共同开展科研项目和知识产权管理工作,提高学校的科研水平和知识产权管理能力。

第四,高校可以设立技术转移中心或知识产权转化平台,提供知识产权转化服务,帮助学生和教师将其专利技术转化为商业成果,推动科技创新和经济发展。

通过以上激励引导措施,高校可以建立有效的知识产权管理机制,提高师生的知识产权意识和能力,推动科技创新和经济发展,为现代化高校科研管理制度改革作出重要贡献。

（五）提高综合管理和服务能力

提高综合管理和服务能力在高等教育知识产权管理中具有至关重要的意义。通过优化管理流程、加强信息共享、促进合作与交流等方式，高校可以提升知识产权管理的整体效能，更好地服务于技术创新和学术研究。

首先，优化管理流程是提高综合管理和服务能力的关键。高校应审视现有知识产权管理流程，发现存在的问题和瓶颈，然后有针对性地进行改进和优化。例如，简化知识产权申请和审批流程，减少不必要的手续和等待时间，提高工作效率。同时，建立完善的监督和评估机制，对管理流程进行定期评估和调整，确保流程始终保持高效和顺畅。

其次，加强信息共享是提高综合管理和服务能力的有效手段。在知识产权管理中，信息共享能够促进各部门之间的协作和沟通，避免信息孤岛和重复劳动。高校可以建立知识产权信息平台，整合分散的信息资源，实现信息的实时更新和共享。这样不仅可以提高管理效率，还能加强知识产权的监控和维护，及时发现和解决潜在问题。

再次，促进合作与交流也是提高综合管理和服务能力的重要途径。高校可以与其他高校、研究机构、企业等开展广泛的合作与交流，分享知识产权管理经验、资源和成果。通过合作与交流，高校可以学习借鉴先进的管理模式和方法，拓展知识产权转化的渠道和机会。同时，合作与交流还能加强与其他机构的联系和合作，共同应对知识产权挑战和问题。

最后，提高管理人员的专业素质也是提高综合管理和服务能力的重要方面。高校应加强对知识产权管理人员的培训和教育，提升他们的专业素养和技能水平。通过定期组织培训、分享会等活动，让管理人员不断更新知识和技能，适应知识产权管理的快速发展变化。

第三节 高等教育科研活动管理

一、高等教育科研活动的目的

（一）锻炼思维方法和研究方法

大学生参与科学研究活动对于培养他们的研究方法和思维方法具有重要意义。科学研究活动本身需要运用各种具体的科学研究方法，这些方法包括但不限于收集资料、设计实验、组织材料和使用各种比较、分析、综合、归纳、演绎等逻辑方法和统计方法。通过亲身参与这些活动，大学生能够实践这些方法，从中得到训练和提升。

科学研究需要科学的思维方法与研究方法作为基础。辩证法和系统科学的观点和方法在科学研究中具有重要地位。大学生在教师的指导下，可以深入学习和应用这些方法，培养自己的科学思维和研究能力。这样的训练不仅有助于他们在大学阶段更好地进行科研活动，还能够为未来的学术研究和职业生涯打下坚实的基础。

参与科学研究活动是大学生系统掌握科学研究方法的重要途径。科学研究活动不仅需要具备扎实的专业知识，还需要掌握科学的研究方法和思维方法。通过参与科研活动，大学生可以积累这些方法和经验，这不仅有助于提高他们的学术水平，还能够为他们的职业发展提供有力支持。

（二）培养创新能力

大学生参与科学研究活动对其自身创新精神和创新能力的培养具有重要作用。通过参与科研活动，大学生能够接触到学科前沿，深入了解学术动态，从而激发他们的好奇心和求知欲。在科研过程中，他们需

第三章 高等教育的科研管理研究

要独立思考、勇于探索,不断尝试新的思路和方法,这有助于培养他们的创新意识和创新思维。

科学研究本身就是一个不断创新的过程。大学生在科研中会遇到各种问题和挑战,需要通过创新来解决。这种解决问题的过程能够锻炼他们的创新能力,培养他们敢于挑战、勇于突破的精神。同时,科研活动也需要团队协作,这有助于培养大学生的团队合作精神和沟通能力,促进创新思想的交流与碰撞。

此外,科学研究活动往往需要大学生具备扎实的专业知识和技能。通过参与科研活动,大学生可以巩固所学知识,扩展知识面,提高自己的综合素质。这种综合素质的提升有助于他们在未来的学习和工作中更好地发挥创新精神和创新能力。

(三)扩展学术视野

在科研活动中,大学生需要将所学的理论知识与实际研究相结合。这种结合的过程,不仅可以帮助他们深化对理论知识的理解,还可以使他们更清楚地认识到理论知识在实际应用中的重要性和应用方式。理论知识是科研活动的基础,而实际研究则是将理论知识转化为实际应用的关键环节。通过参与科研活动,大学生能够更好地理解理论知识的实际意义和价值,从而更好地掌握和应用这些知识。

此外,科研活动还为大学生提供了接触科学前沿和动态的机会。在科研项目中,他们可以接触到最新的科技信息和研究成果,了解科学发展的趋势和方向。这种学术视野的扩展,不仅能够帮助他们更好地理解学科领域的前沿知识,还可以激发他们的学术兴趣和创新精神。同时,这种学术视野的扩展也有助于大学生明确自己的学术和职业发展方向,为他们的未来发展打下坚实的基础。

二、高等教育科研活动的形式

(一)平时的科研活动

平时的科研活动主要包括以下几方面。

第一,参加学术性社团的学术活动。

第二,参加校内外举办的各类学术讨论活动。

第三,听取校内外专家学者的学术报告。

第四,根据自己的兴趣撰写相关论文或进行相关科技发明活动等。

第五,参加学校内某项科研工作,如给科研课题中的教师或科研人员担当助手等。

(二)开展科学考察活动

科学考察活动是大学生参与科研的一种重要形式,它具有生动多样、直观性强的特点,容易激发大学生的科研兴趣。在科学考察活动中,大学生需要具备怀疑精神和实事求是的态度。

怀疑精神是科学考察活动中不可或缺的品质。只有敢于怀疑权威和前人的某些定论,大学生才能够在考察中发现新的问题,提出新的观点。这种怀疑精神鼓励大学生不畏难、不盲从,勇于挑战旧有理论,推动科学研究的进步。在科学考察过程中,大学生需要以实事求是的态度来处理各种问题。这包括考察目标制订、任务执行、内容选择以及突发问题的处理等。实事求是的态度要求大学生在考察中注重实证,尊重事实,不夸大、不缩小,确保所得结论的真实性和可靠性。

通过科学考察活动,大学生能够更深刻地意识到理论与实践之间的差距。他们将理论知识应用于实际情境中,面对真实的问题和挑战,从而更好地理解理论的实际意义和应用价值。在这个过程中,大学生不仅巩固了所学知识,还学会了如何将知识与实践相结合,增强自己对知识的实践应用能力。这种能力使他们的知识处于激活状态,更好地应对未来的学术和职业发展需求。

(三)毕业论文和毕业设计

毕业论文和毕业设计是大学生科研活动的重要组成部分,它们对于培养大学生的科研能力和创新思维具有重要意义。

在毕业论文和毕业设计中,大学生需要在总结所掌握的理论知识与技术的基础上,通过规范化的形式和程序对某些问题进行系统、深入的研究。这一过程需要大学生具备扎实的专业知识和一定的科研能力,同

第三章　高等教育的科研管理研究

时还需要他们具备一定的创新思维和实践能力。

首先，毕业论文和毕业设计是检验大学生所学知识和技能的重要手段。通过撰写论文或设计作品，大学生需要将所学知识进行系统的梳理和总结，并在此基础上进行深入的研究和创新。这种过程有助于加深大学生对专业知识的理解，提高他们的学术水平和创新能力。

其次，毕业论文和毕业设计有助于培养大学生的独立思考和研究能力。在科研活动中，大学生需要具备独立思考和解决问题的能力，而毕业论文和毕业设计正好为他们提供了这样的机会。通过独立开展研究或设计，大学生能够培养自己的研究能力和创新思维，为未来的学术和职业发展打下坚实的基础。

最后，毕业论文和毕业设计还可以帮助大学生培养良好的学术道德和规范。在科研活动中，学术道德和规范是非常重要的。大学生需要遵守学术诚信，避免抄袭、剽窃等学术不端行为。通过撰写毕业论文和毕业设计，大学生可以了解并遵守学术道德和规范，培养自己的学术道德素养。

（四）开放性的教学实验、学年论文和课程设计

开放性的教学实验、学年论文和课程设计是大学生参与科研活动的重要形式，这些活动通常在教师的指导下进行。通过这些活动，学生可以运用一门或几门课程相关的知识，独立地去解决一些符合其知识水平与能力水平的复杂问题。

在开放性的教学实验中，大学生可以在教师的引导下自主选择实验题目、设计实验方案、进行实验操作并分析实验结果。这种实验形式鼓励学生发挥主观能动性，自主探索解决问题的方法，培养他们的独立思考和实验操作能力。通过实验，大学生能够更加深入地理解所学知识，掌握科学的研究方法，提高自己的学术水平。

学年论文是另一种重要的科研活动形式。在学年论文的撰写过程中，大学生需要在教师的指导下，围绕某一专题进行深入的研究，并撰写一篇结构完整的学术论文。学年论文的选题通常具有一定的学术性和研究价值，要求大学生综合运用所学知识，进行独立的资料收集、分析和整理。通过学年论文的撰写，大学生能够培养自己的学术研究能力和论文写作能力，提高自己的学术素养。

课程设计是另一种科研活动形式,它通常在课程学习过程中进行。大学生需要在教师的指导下,根据课程内容进行实际问题的解决。课程设计需要大学生综合运用所学知识,设计出符合实际需求的解决方案。这种设计过程能够培养大学生的创新思维和实践能力,使他们更好地理解和应用所学知识。

三、高等教育科研活动的特点

概括来说,高等教育科研活动具有以下几个特点。

(一)起点低、时间短、经费少

大学生参与科研活动是一项综合性训练,旨在培养他们的创新思维和实践能力。然而,由于大学生通常具备一定的基础知识,但学习时间有限,他们参与科研活动的时间也受到限制。

由于大学生的主要任务是学习基础理论和基本技能,他们参与科研活动的时间一般不会超过一个学期。这意味着他们在科研中的学习时间相对较短,需要更加高效地利用这段时间。在短时间内,大学生需要快速掌握科研的基本知识和方法,同时还需要具备一定的实践能力。这种时间限制要求大学生具备较高的学习能力和适应能力,以充分利用有限的时间资源。

另外,大学生参与科研活动时所学的知识多是基础性的新知识。由于科研活动的探索性和创新性,大学生需要不断学习和掌握新的知识,并将其应用于实际研究中。基础性的新知识对于科研活动的开展至关重要,它为大学生提供了研究的基础和出发点。通过不断学习和探索,大学生能够逐渐深入了解所研究领域的前沿动态,为未来的学术和职业发展打下坚实的基础。

然而,由于大学生的实践能力和资金支持有限,他们在科研活动中往往会面临一些挑战。实践能力是科研活动中的重要能力之一,它要求大学生具备实验操作、数据分析等方面的技能。由于学习时间的限制和资金支持的不足,大学生在实践能力的培养上可能存在一定的欠缺。此外,资金支持对于科研活动的开展也至关重要。由于大学生缺乏足够的资金支持,他们可能无法进行更深入的研究或购买所需的实验设备。

第三章 高等教育的科研管理研究

综上所述,大学生参与科研活动虽然是对基础理论和基本技能的综合性训练,但由于学习时间的限制、实践能力的不足以及资金支持的缺乏等因素的影响,他们在科研活动中面临着起点低、时间短、经费少等挑战。为了更好地培养大学生的创新思维和实践能力,高校和社会应该为大学生提供更多的科研机会和资源,鼓励他们积极参与科研活动,并为他们提供必要的支持和帮助。

(二)在教师指导下进行

大学生参与科研活动通常是在教师的指导下进行的。这是因为大学生在学术能力和知识层次方面尚有不足,需要教师的指导和帮助,才能更好地进行科研活动。教师的指导作用体现在多个方面,从基础知识到专业知识技能的传授,从自学能力到科学能力的培养,从专业理论到专业实践的引导等。

在科研活动中,大学生需要经历一系列的转变。这些转变通常是在教师有意识地逻辑安排、课程设置和教学引导下进行的。教师通过设置科学的课程体系和教学计划,帮助大学生逐步提高学术水平和科研能力。通过逐步引导大学生深入探索学科领域,教师培养他们的独立思考和解决问题的能力,激发他们的创新思维和实践能力。

虽然参与科研活动不一定是在教学计划中,但教师可以根据大学生的知识水平和不同年级的教学任务对其进行调控和引导。科研指导教师需要结合大学生的实际情况,制订个性化的教学计划和科研指导方案,以满足他们的学习需求。此外,科研指导教师还需要与大学生建立良好的沟通和合作关系,提供及时有效的指导和支持。

与一般课程教师相比,科研指导教师在指导大学生科研与学习方面需要付出更多的精力和时间。他们不仅需要具备扎实的专业知识和丰富的科研经验,还需要了解大学生的需求和特点,根据他们的实际情况进行有针对性的指导。同时,科研指导教师还需要关注大学生的心理状态和情感需求,帮助他们克服困难和挫折,培养他们的自信心和抗压能力。

(三)科研活动与毕业论文设计相结合

虽然大学生参与的科研活动类型多样,但最终目标主要体现在毕业论文的设计上。毕业论文是大学生学术成果的重要体现,也是评价其学术水平的重要依据。因此,很多大学生参与科研活动的目的是通过科研活动为毕业论文的撰写和设计做准备。

为了更好地完成毕业论文,大学生需要广泛地收集资料、进行社会实践和调研活动等,这些活动可以为其提供实践经验和第一手资料,有助于其深入理解研究问题,为撰写高质量的毕业论文打下基础。因此,大学生的科研活动不仅局限于学术研究,还包括课程选修、实践调查和实地考察等多元化的方式。

此外,大学生的科研活动也与毕业论文设计相结合。在教师的指导下,大学生通过参与科研项目、实验操作、数据分析等方式,将课内所学知识与课外实践相结合,从而保持一致性。这种结合有助于大学生更好地理解和应用所学知识,提高其学术水平和创新能力。

四、高等教育科研活动的有效管理

(一)创造良好的物质条件

在当前的社会和经济发展形势下,受我国经济发展水平的限制,大学生的科研活动确实面临着资金不足的问题。资金是任何科研活动的重要基础,它直接关系到科研活动的深度、广度以及可持续性。没有足够的资金支持,很多有价值的科研项目可能无法进行,或者在研究过程中遭遇诸多困难,难以得出令人满意的结果。

为了解决这一问题,加强大学生科研活动的管理显得尤为重要。管理不仅可以确保科研活动正常进行,而且,通过有效的策略和措施,还为大学生参与科研活动创造良好的物质条件。这包括但不限于提供充足的资金支持、完备的实验设备、先进的技术手段等。

高校作为培养人才和推动学术研究的重要场所,有责任为大学生的科研活动提供必要的支持。其中,推动大学生科研活动经费来源的多样化是一个有效途径。高校可以与企业、社会团体、基金会等建立合作关系,争取他们的资金支持。同时,高校也可以设立自己的科研基金,鼓励校内外的捐赠,为大学生的科研活动提供稳定的资金来源。

此外,高校还可以通过优化科研资源配置、提高资金使用效率等方式,确保每一分资金都能用在刀刃上,为大学生的科研活动提供坚实的物质保障。

(二)营造良好的校园学术氛围

学术氛围的浓厚对于大学生的科研活动具有深远的影响。一个积极、开放和创新的学术氛围能够激发大学生的创新思维和科研兴趣,为他们提供更多参与科研活动的机会,进而提升其科研能力和素养。为了营造这样的学术氛围,高校可以采取以下具体措施。

第一,高校可以设立实验室、研究所等机构,为大学生提供直接参与科研活动的机会。这些机构不仅是进行科研的场所,更是培养学生科研能力的重要平台。通过亲身体验科研过程,大学生可以更深入地理解科学研究的方法和技巧,培养自己的创新思维和实践能力。

第二,高校可以通过组织科研竞赛、学术交流等活动,鼓励学生展示自己的学术成果。这样的活动不仅可以为学生提供展示自己的舞台,还能促进学术思想的交流与碰撞,激发学生的创新灵感。

第三,高校应注重科学精神和科学人才观的传播,通过课程设置、校园文化活动等方式,让学生深入了解科学研究的重要性,树立正确的科研态度。这将有助于培养学生的科学素养,激发他们对科研的热情和追求。

第四,建立学分制度也是提高学生参与科研活动积极性的有效手段。将科研活动纳入学分体系,学生可以通过参与科研项目、发表学术论文等方式获得学分,这样可以在一定程度上解决由于学习压力大、时间紧等原因导致的学生参与科研活动积极性不高的问题。

第五,高校可以组织一些科研经验丰富的教师对大学生进行引导,提供个性化的指导和支持。教师可以分享他们的科研经验和方法,帮助学生了解科研的基本技巧,提高他们的科研能力。这样的指导对于培养学生的科研兴趣和信心至关重要。

(三)将大学生科研活动与教学紧密结合

将大学生科研活动与教学活动紧密结合,可以开启大学生科研活动的新渠道,为培养大学生的科研能力和学术素养提供更广阔的平台。这种结合不仅可以充分发挥教师在大学生科研活动中的引导作用,同时还能促进科研与教学的相互渗透,提高大学生的综合素质。

首先,教师在教学过程中可以适时地引入自己的科研成果,让学生了解科研的最新动态和前沿成果。这样既可以展示科研的价值和魅力,激发学生对科研的兴趣,同时也可以为他们提供研究的方向和思路。教师还可以引导学生就某一方面的科研进行相关资料的搜集和研究,通过布置研究课题、组织讨论等方式,帮助学生深入理解学术问题,提高他们的研究能力。

其次,高校可以开设一些与科研活动相关的课程,如研究方法、实验技术等,为学生提供系统的科研技能培训。这些课程能够帮助学生掌握科研的基本方法和技巧,培养他们的实验设计和数据分析能力。同时,高校还可以鼓励教师将科研与教学相结合,将最新的科研成果转化为教学资源,融入课堂教学中。这样既可以丰富教学内容,提高教学质量,也可以让学生及时接触到学科前沿,拓宽他们的学术视野。

最后,大学生可以利用课余时间开展各种形式的科研活动。他们可以积极参与教师的科研项目,承担部分研究工作,通过实践提升自己的科研能力。同时,学生也可以自主确定选题,进行科研探索,通过独立思考和实践,培养创新思维和解决问题的能力。这些活动能够让学生将所学知识运用到实践中,从而加深对学术问题的理解,提升自己的学术素养。

(四)认识到大学生参加科研活动的重要性

高校管理人员应该深刻认识到,参与科研活动对于大学生来说具有深远的意义。这不仅有助于提高他们对相关理论知识的理解和实际应用能力,还能促进学术氛围的形成和发展。然而,当前很多高校在这方面的认识还不够充分,对于大学生的科研活动缺乏科学、合理的引导和管理。因此,高校必须正视大学生参与科研活动的重要性,并采取有效措施来正确处理以下几个关键关系。

首先,人才与科研成果的关系。高校不能仅仅关注科研成果的数量和等级,更要注重人才的培养。在引导和管理大学生的科研活动时,高校应注重培养他们的科研能力和综合素质,确保他们不仅获得学术成果,更在过程中得到成长和锻炼。

其次,课内与课外科研的关系。大学生的科研活动不应该局限于课堂内,课外也是一个重要的研究场所。高校应鼓励和支持教师将科研与教学相结合,同时引导学生开展课外的科研活动,利用课余时间进行深入的探索和研究。这样能够更好地将理论知识与实践相结合,提高学生的实际应用能力。

最后,低年级与高年级学生参加科研活动的关系。高校不应只关注高年级学生的科研活动,低年级学生同样具有巨大的潜力和发展空间。通过制订相关政策和计划,高校可以为低年级学生提供更多的科研机会和指导,帮助他们逐步提高科研能力和素养。这样可以形成一个良好的学术氛围,促进不同年级之间的学术交流和合作。

通过正确处理这些关系,高校可以更加系统、科学地引导和管理大学生的科研活动。这将有助于将零星的、自发的科研活动转变为有组织、有计划的活动,使大学生在正确的指导下参加适合自己的科研项目。这样不仅提高了大学生的科研能力和学术素养,还为高校的学术发展和人才培养工作注入新的活力。

(五)建立健全大学生科研成果评审机制和科研活动激励机制

大学生参加科研活动的积极性和主动性对其科研成果的评价和评审结果具有直接的影响。当大学生的科研成果得到肯定和好评时,他们会备受鼓舞,更有动力和信心去探索、去研究。这种正面的反馈能激发他们更深层次的研究兴趣,进一步增强其科研能力和创新意识。

相反,如果大学生的科研成果评价不佳或未得到足够的认可,可能会导致他们的积极性受挫,对科研活动产生消极态度。因此,建立健全大学生科研活动的成果评审机制和激励机制至关重要。这不仅有助于科学、合理地评估大学生的科研成果,还能引导他们正确认识自己的科研行为,明确努力的方向。

高校应建立公正、透明的评审机制,确保对大学生科研成果的评价客观、准确。同时,激励机制的设立也是必不可少的。通过设立科研奖励、提供科研经费、举办科研成果展示等方式,高校可以充分激发大学生对科研的兴趣和热情。这种实实在在的鼓励和支持有助于提高他们参加科研活动的积极性和主动性,促使更多学生投身于科研事业。

此外,高校还可以通过举办科研经验分享会、邀请专家学者进行指导、加强与企业的合作等方式,为大学生提供更多的学术交流和合作机会。这不仅有助于提升大学生的科研能力,还能培养他们的团队合作精神和创新能力。

第四章 高等教育的教师管理研究

在高等教育体系中,教师的管理与发展是至关重要的环节。教师不仅是知识的传递者,更是学生学术与人格成长的引导者。他们的工作状态、专业发展和整体素质直接关系到高等教育的质量和未来。因此,对高等教育中的教师管理进行深入研究,不仅有助于提升教师的教学水平,还能为高等教育改革与发展提供重要的理论和实践指导。

第一节 教师管理的内涵

教师管理是学校管理的重要组成部分,它涉及对教师资源的管理、开发与利用,是学校实现教育目标、提高教育质量的重要保障。教师管理不仅是对教师个人的管理,更是对教师团队的管理,其目标是激发教师的潜能,提高教育教学质量,促进学校和学生的全面发展。

一、教师管理的概念

教师管理是对教师这一特定职业群体的管理,涉及教师的招聘、选拔、培训、考核、激励等方面。通过对教师的管理,学校可以优化教师资源配置,提高教师的工作效率和工作质量,从而实现教育目标。

二、教师管理的特点

(一)灵活性

教师管理不应过于僵化,而应体现灵活性。例如,不应硬性规定教师的坐班制,而是让教师有更多的自主选择空间,以便找到最有利于提高工作效率的环境。同时,不应硬性规定教育手段和教学方法,以充分发挥教师的创造性。此外,不应单纯以学生成绩的优劣来评价教师工作的好坏,而应全面地综合评定教师的工作成绩。

(二)系统性

教师管理是一个相互联系、相互影响的整体。管理者需要对教育机构或系统的各个方面进行有效的组织和协调,包括管理教师、学生、课程、教学资源、学校设施等,以确保教育过程的顺利进行和有效管理。

(三)规范性

教师管理依靠制度和规范来进行运作。制度化可以提供明确的组织结构、职责和权力分配,确保教育管理的规范性和一致性。规范性则指导和约束管理者的行为,确保他们在教育管理中遵守法律、伦理和专业标准。

(四)决策性和评估性

教育管理者需要做出各种决策,包括招生政策、课程设置、资源配置等。这些决策需要基于有效的信息和数据,并经过评估和反馈,以保证决策的科学性和有效性。同时,对教师的工作进行定期评估,以了解教师的工作表现和发展状况,为教师的晋升、奖励等提供依据。

（五）发展性和变革性

教师管理需要适应社会变革和教育发展的需求。随着社会和教育环境的变化，教师管理的方式和方法也需要不断变革和创新。例如，引入新的教学技术、改变教学方式、调整课程设置等，以适应不断变化的教育需求和市场环境。同时，教师管理也需要关注教师的个人发展，为教师的专业成长提供支持和帮助。通过促进教师的专业发展，可以提高教师的教学水平和实践能力，从而提高教育教学的质量和效果。因此，教师管理需要具有发展性和变革性的特点，以适应不断变化的教育环境和发展需求。

（六）激励性

教师管理需要注重激励教师，提高他们的工作积极性和创造力。通过合理的薪酬制度、奖励机制等措施，激发教师的工作热情和动力，使他们更加投入教育教学工作。同时，应关注教师的职业发展，提供专业培训和晋升机会，让教师看到自己的职业前景和发展空间，从而更加积极地投身于教育事业。

（七）合作性

教师管理需要教师、学校管理者、学生和家长等多方面的合作。学校管理者应积极与教师沟通交流，了解他们的需求和建议，共同解决教育教学中的问题。同时，应加强与学生和家长的沟通合作，共同促进学生的全面发展。通过建立良好的合作关系，可以提高教育教学的效果和质量，促进学校的发展和进步。

（八）服务性

教师管理应以服务教师、服务学生为核心。学校管理者应关注教师的需求和发展，为他们提供必要的支持和帮助。同时，应以学生为中心，关注学生的学习需求和发展，提供优质的教育服务。通过良好的服务管理,可以提高教师的满意度和归属感,增强学生的学习体验和收获,促进学校的可持续发展。

三、教师管理的原则

(一)目标导向性原则

在教师管理中,目标导向性原则至关重要。明确、具体、可操作的目标能够为教师的工作提供方向,确保教师与学生之间的心理同步,在思维方面也能实现指向,从而确保共同朝着统一的目标奋斗。

(二)整体性原则

在教师管理中,应遵循整体性的原则。这要求教师在课堂教学过程中始终以课堂整体发展作为指导方向,在设置教学环境以及安排课堂事务的过程中都要以此作为基础,全面提升课堂管理质量与效率。此外,学校管理者应从整体出发,注重教师队伍的协调发展,全面考虑教师的需求和利益,以促进教师队伍的整体提升。

(三)公平公正原则

公平公正是教师管理的基本原则。在评价教师的工作时,应依据客观的标准和程序,避免任何形式的歧视和不公。同时,在制订和执行相关政策时,应充分考虑教师的意见和建议,体现民主和公正的精神。

(四)过程性原则

教师管理要注重督促教师严格执行"教学常规",看教师是否认真备课、认真上课、认真布置和批改作业、认真辅导学生、认真进行学业考查。此外,还要对教师的教学过程进行全面的监督和评估,确保教师的教学工作符合规定的要求。这有助于及时发现和解决教学中存在的问题,提高教学质量。

（五）综合性原则

教师管理要树立多种理念,遵循多种原则,采取多种策略。不仅要重视对教学研成果的静态管理,更强调对教师教育教学过程的动态管理,并根据定性管理与定量管理相结合、自我管理与他人管理相结合的指导思想进行综合管理。这意味着要采取多种手段和资源,全面提升教师的教学水平和实践能力。同时,应关注对教学研成果的静态管理,更强调对教师教育教学过程的动态管理。通过综合运用各种手段和资源,可以全面提升教师的教学水平和实践能力。

第二节　大学教师管理的意义

大学教师管理的意义是多方面的,主要表现在以下几个方面。

一、促进大学教师的发展

自改革开放以来,我国经历了翻天覆地的变化,特别是在社会经济领域取得了显著进步。随着经济的快速发展,教育改革也逐步深化,以适应社会的需求和变化。在这个时代背景下,教育质量成为社会关注的焦点,而教师作为教育的核心力量,其能力和素质的提升显得尤为重要。

随着教育改革的推进,大学教师作为高等教育的重要载体,其管理和发展成为关键。大学教师不仅承担着传授知识的任务,还肩负着培养学生综合素质、创新能力和社会适应能力的责任。因此,加强大学教师的管理和规划,对于提高教育质量、培养优秀人才具有重要意义。

对于大学教师而言,他们不仅关注个人的职业发展,也期望得到公平的评价和合理的待遇。营造一个公平、自由的教学和科研环境,关注教师的实际需求,是激发教师积极性和创造性的关键。只有当教师得到充分的尊重和支持，他们才能全身心地投入教学和科研工作中，发挥自己的潜力，为学校和社会作出更大的贡献。

二、优化高校师资配置

科学有效的教师管理在大学中发挥着至关重要的作用。它不仅关乎教师个人的职业发展，更直接影响到整个学校的教育质量和未来发展。科学有效的教师管理可以确保教师得到充分的发展机会，从而充分发挥他们的能力。它促使教师找到真正适合自己的研究方向，并允许他们在自己的专业领域内发挥最大的效用。

在教师管理中，平衡不同类型教师之间的比例是重要的。这包括资深教授、青年教师、不同学科的教师等。通过合理的资源配置，可以确保每个教师都能在最适合自己的位置上发挥最大的作用，避免人才浪费或配置不当的情况。

此外，科学有效的教师管理还能够协调教师之间的关系，营造和谐的工作氛围。教师之间相互尊重、支持与合作，可以共同解决教学中遇到的问题，分享学术研究成果，从而提高整个教师队伍的素质和能力。

更为重要的是，科学有效的教师管理能够调动教师工作的积极性、创造性、主观能动性和工作热情。当教师感到自己的工作受到重视和支持时，他们更有可能全身心地投入教学和科研工作中，为学校的发展贡献自己的力量。

三、提高高校教育质量

教师是教育工作的核心力量，是教育事业成败的关键。在高等教育领域，教师作为知识的传播者和思想的引领者，对高校的教育质量和教学水平具有直接的影响。因此，对大学教师进行科学有效的管理是至关重要的，它不仅关乎教师个人的职业发展，更直接影响到整个学校的教育质量和未来发展。

首先，高校应该建立严格的招聘制度，确保招聘到高素质、高水平、有责任心的教师。通过制订明确的招聘标准，包括学历、专业背景、教学经验、科研能力等方面的要求，高校可以筛选出具备足够专业能力和教学能力的优秀教师。这不仅有助于提高教育教学的质量，还有助于推动

第四章 高等教育的教师管理研究

学校的学术研究和发展。这样的教师能够传授学生知识、技能和思想，引导学生成长为全面发展的优秀人才。

其次，高校应该提供系统的教师培训，包括教学技能、科研方法、团队协作等方面的培训，帮助教师提升自身能力和素质。这不仅可以提高教师的教学水平和科研能力，还可以增强教师的团队协作能力，从而提高整体的教育教学质量。通过培训，教师可以不断更新自己的知识和技能，掌握最新的教学方法和科研动态，提高自己的教学和科研水平。同时，教师之间的交流和合作也可以促进学术研究的深入开展和成果的共享。

再次，高校应该建立有效的激励机制，通过奖励、晋升等方式激励教师积极投入工作，提高其工作积极性和创造力。这不仅可以提高教师的工作热情和投入度，还可以促进教师的职业发展，提高教师的职业满意度。合理的激励机制能够激发教师的创造力和潜力，促使教师不断追求卓越，为学校的发展作出更大的贡献。高校可以通过设立教学奖、科研奖、优秀成果奖等激励措施，鼓励教师积极参与教学和科研工作。同时，为教师提供晋升机会和职业发展规划指导，帮助教师实现自己的职业目标和个人价值。

最后，高校应该营造良好的工作氛围，让教师在自由、公平、公正的氛围中开展教学科研工作。这需要提供必要的教学资源和支持，确保教师能够顺利地开展教学和科研活动。良好的工作氛围可以增强教师的归属感和满意度，提高教师的职业满意度和留任率。同时，高校应该注重教师的心理健康和工作环境的质量，为教师提供舒适的工作条件和良好的办公环境。通过建立良好的人际关系和工作氛围，促进教师之间的合作与交流，共同解决教育教学中遇到的问题和挑战。

通过以上措施，对大学教师进行科学有效的管理，可以提高教师的素质和能力，进而提高高校教育的质量和水平。只有当教师具备高素质、高水平和强烈的责任心，才能培养出全面发展的优秀人才，才能为社会的进步和发展作出相应的贡献。因此，高校管理者应当重视并加强教师管理，采取科学合理的管理方法和措施，与教师密切合作，共同推动大学教育事业的发展。

四、推动高校教育改革的进展

教育改革是当今全球共同面临的重大挑战之一。不论在国内还是国外,面对日新月异的教育环境和多元化的教育需求,我们必须不断地进行改革和创新。在这场宏大的改革进程中,大学教师无疑扮演着举足轻重的角色。他们不仅是推动教育改革的实际执行者,更是引领学生发展、助力他们成长的重要力量。

随着教育改革的不断深化,对大学教师的素质和能力要求也在日益提高。他们不仅需要掌握传统的教学方法和技巧,更需要不断更新教育观念,接纳新的教育思想,学习并运用新的教育手段。只有这样,他们才能更好地适应新的教育环境,满足日益增长的教育需求。

因此,对大学教师进行科学、高效的管理显得尤为重要。这不仅关乎教育改革的成败,更直接影响到每一位学生的学习和发展。通过有效的教师管理,可以提高教师的教学质量,促进学科的持续发展,提升科研的整体水平,从而更好地服务于学生,助力他们的成长。

第三节 大学教师的招聘管理与培训管理

一、大学教师的招聘管理

(一)大学教师招聘管理的意义

1. 有利于优化大学教师人力资源配置

教育过程中的人力资源管理是一个系统性的过程,旨在建立一套高效的人力资源管理体制,营造一个有利于实现教育目标的氛围,并组织进行人力资源的规划与实施。对于大学而言,优化教师人力资源配置是

第四章 高等教育的教师管理研究

实现教育目标的关键。为实现这一目标,大学需充分利用其内部竞争机制,使教师通过公平、透明的竞争实现人力资源的优化配置。

大学教师招聘是这一机制的核心。招聘不仅是为了填补教学或科研岗位的空缺,更是为了吸引和选拔那些具备优秀专业素质、良好师德师风的教师。通过公开、公正的招聘流程,大学可以确保所有应聘者都有平等的机会展示自己的才华和能力。这不仅有助于选拔到最合适的教师,还有利于在学校内部形成一种积极的竞争氛围,鼓励教师不断提升自己的专业素养和教学水平。

大学教师招聘的实质是一种竞争机制。这种机制的核心在于教师之间的公平竞争。通过竞争,大学可以筛选出真正符合教学、科研等需求的优秀教师,确保他们能够在各自的岗位上发挥最大的价值。同时,竞争机制还有助于促进人才的合理流动,避免人才积压和浪费的现象。在竞争的环境下,教师会更有动力去追求个人和学术上的卓越,从而推动整个学校的教育质量和科研水平的提升。

此外,大学教师招聘还有助于实现人尽其才、才尽其用的理想状态。通过合理的招聘和配置,大学可以将每个教师的特长和优势发挥到极致,使他们能够在最适合自己的岗位上作出最大的贡献。这不仅有利于提高教师的教学效果和学术产出,还有助于形成一个积极向上、充满活力的教师团队,进一步推动学校整体的发展和教育改革的进程。

2. 有利于教师进行职业生涯规划

通过严谨的教师招聘考核与评价,教师可以更深入地了解自己的优势与不足。这种自我诊断不仅有助于教师明确自己的学习和发展方向,还可以促使他们制订有针对性的个人成长计划。例如,教师可以根据评价结果,对自己的教学方法、教学内容、课堂管理等方面进行反思和改进,从而提高自己的教学水平和专业素养。

而对于大学的领导层来说,招聘过程中的考核与评价也为他们提供了一个宝贵的洞察机会。通过观察应聘者的表现,可以更清晰地认识到自己学校教师队伍的现状以及可能存在的问题。这不仅有助于领导层制订更为精准的教师培训计划,还可以引导他们思考如何更好地优化教师队伍结构,提高教师整体素质。

基于这些洞察,大学可以有计划、有步骤地安排不同专业、不同层次、不同年龄的教师进行培训和进修。这不仅可以帮助教师提升自己的专业技能和知识水平,还可以促进他们的职业发展,增强他们的工作满足感和归属感。

更为重要的是,这种持续的培训和学习可以帮助教师树立"终身学习"的观念。在快速发展的教育环境中,教师需要不断地更新自己的教育理念和教学方法,以适应不断变化的教育需求。通过培训和进修,教师可以不断地提升自己的专业素养和教学能力,从而更好地履行自己的教育职责,为学生的成长和发展提供更高质量的教育服务。

3. 有利于大学教师岗位管理

大学教师招聘遵循公开、公平、竞争、择优的原则,旨在建立一个科学、公正的人力资源管理体系。在这一体系中,淡化"身份"评审,强化岗位责任,确保每个教师都能在适合自己的岗位上发挥最大的价值。

首先,公开招聘是确保公平、竞争的基础。通过公开渠道发布招聘信息,所有符合条件的应聘者都有平等的机会参与竞争,无论其背景、资历如何。这不仅提高了招聘的透明度,还有助于吸引更多优秀的人才加入教师队伍。

其次,定编、定岗、定职责是强化岗位责任的核心。在招聘过程中,大学根据教学和科研的需要设置岗位,明确每个岗位的职责和要求。这使得应聘者能够清楚地了解自己未来工作的内容和要求,从而做出更为明智的选择。

再次,强化岗位聘任和聘后考核是提高教师队伍整体素质的关键。通过定期的考核和评估,大学可以全面了解教师的工作表现和履行职责的情况。这不仅有助于选拔出真正优秀的教师,还能够及时发现和纠正教师队伍中存在的问题。

竞争机制的引入也是这一体系的重要组成部分。在公平竞争的环境下,教师会更加注重自身专业素养和教学水平的提升,努力实现人生的价值和自我发展。这不仅打破了传统的职称终身制,还有助于形成能上能下的用人环境,激发教师队伍的活力和创造力。

最后,促进由"身份管理"向"岗位管理"或"合同管理"的转变是提高教师队伍整体素质和办学效益的重要保障。通过合同或协议明确双方的权利和义务,强化对教师的动态管理,使教师更加注重履行职责和提高工作绩效。这不仅有利于提高教师队伍的整体素质,还有助于提高学校的办学效益和社会声誉。

4. 有利于克服平均主义

大学教师招聘不仅是一个选拔优秀人才的过程,更是一种权责统一的劳动契约关系的建立。这种关系基于双方平等、自愿的基础,通过聘用合同的形式明确规定学校与教师之间的劳动关系以及各自的权利和义务。

在这种制度下,教师应聘相应的职务时,必须明确了解并同意履行相应的岗位责任。这意味着一旦被聘任,教师就必须保质保量地完成岗位职责,不得有任何敷衍塞责的行为。这一规定打破了传统上"干多干少一个样、干好干坏一个样"的观念,彻底克服了平均主义思想的束缚。

这种制度的实施,有效地调动了广大教师的积极性和主动性。它真正体现了按劳分配、多劳多得的分配原则,使那些努力工作、业绩突出的教师得到应有的回报。这不仅是对教师个人努力的认可和激励,更是对整个教师队伍士气的提升。

当然,权责统一的另一面是,如果教师被聘任后无法完成学校规定的教学、科研任务及其他任务,他们可能会面临被解聘或调离工作岗位的风险。在这种情况下,教师的工资待遇也会相应调整,以反映他们的工作表现和贡献。

这种严格的权责统一制度,确保了学校与教师之间的劳动关系更加清晰、公正和有效。它不仅有助于提高教师队伍的整体素质和工作效率,还有利于推动学校的整体发展和教育改革的深入进行。

5. 有利于营造竞争有序、团结协作的文化氛围

大学教师招聘不仅是为了选拔优秀的人才,更是为了营造一种充满竞争与挑战的氛围。这种氛围为教师提供了一个展示才华和能力的舞台,鼓励他们发挥潜能,不断追求卓越。

通过招聘中的竞争机制,教师可以更加明确自己的定位和目标。他们不仅要在众多应聘者中脱颖而出,还要在未来的工作中持续努力,不断提高自己的教学和科研水平。这种竞争不仅有助于激发教师的积极

性和创造性,还有利于形成一种你追我赶、共同进步的良好氛围。

同时,为了更好地适应大学之间的竞争形势,构建优秀的教学科研团队是至关重要的。教师需要团结协作,共同研究、探讨学术问题,通过共享资源和经验,实现优势互补。这种团队模式不仅提高了教师的学术水平和创新能力,还有利于培养教师的团队合作精神和凝聚力。

在这种竞争与合作并存的环境下,大学校园文化得到了丰富和发展。教师积极向上的精神风貌和良好的学术氛围,为校园文化注入了新的活力。这种文化不仅有利于提高学校的知名度和声誉,还有利于吸引更多的优秀人才加入,进一步推动学校的可持续发展。

(二)大学教师招聘的流程

教师招聘流程是学校为确保招聘目标得以实现而制订的一系列工作程序。这一流程遵循教师招聘的基本原则,并运用科学的方法来进行。它详细规划了招聘活动的各个环节,确保这些活动得以有序、高效地展开。教师招聘流程不仅是单个环节的简单串联,更是体现了招聘工作的连续性和必然性。正是通过这一流程,学校能够系统地评估和筛选出最适合的教师人选。一般来说,大学教师招聘的流程如下。

1. 确定教师招聘需求

教师的需求确定需要以学校对教师的全面规划为依据,并综合考虑当前的变化情况。在确定招聘需求时,通常会考虑以下几个关键因素。

首先,需要参照学校本年度的教师招聘计划。这是工作的基础和指导,能够确保招聘活动与学校的长期发展目标相一致。

其次,需要了解本年度即将退休的教师人数。这可以帮助预测未来的人员流动情况,并提前为这些岗位做好人才储备。

再次,外部环境的变化或学校的战略调整也可能影响到教师的需求。例如,学校可能需要补充教师人数以应对新的教学任务或课程开发。同样,新课程开发所需的人力投入也必须得到满足,确保教学的顺利进行。

同时,考虑到学校可能承担的其他额外任务,如科研项目或社区服务,这也可能需要额外的教师资源。这些任务通常需要特定的专业技能

第四章 高等教育的教师管理研究

和知识,因此需要有针对性地进行招聘。

最后,还需要关注近期教师离职、调动、晋升等情况。这些因素可能导致现有的教师职务出现空缺,需要及时进行填补。

综合考虑以上因素后,就可以确定具体的招聘需求。这不仅确保了招聘到的是最适合的教师人选,同时也为学校的长期发展提供了有力的人才保障。

2. 工作职务分析

工作职务分析是教师招聘的基础性工作,它为招聘提供了明确的方向和依据。简言之,工作职务分析是对学校所需职位的详细责任说明,明确这些职位的工作内容以及具备哪些素质的教师能够胜任该职位。工作职务分析包括两个主要部分:工作分析和职务描述。

(1)工作分析

工作分析是对学校各个职位的深入研究和理解,它涉及对职位的具体职责、工作任务、工作条件、工作要求的详细分析。通过工作分析,我们能够明确每个职位所需的技能、知识、经验和能力,从而确定合适的招聘标准。

(2)职务描述

职务描述是基于工作分析的结果,对职位的全面描述。通过职务描述,学校能够清晰地了解每个职位的具体要求,并为招聘提供明确的指导。

在教师招聘中,工作职务分析至关重要。它不仅为学校提供了明确的标准和依据,确保招聘到的人员与职位需求相匹配,还为应聘者提供了清晰的指导,使他们能够更好地了解职位要求,从而做出明智的选择。通过工作职务分析,学校能够实现招聘的高效性和准确性,为学校的长期发展奠定坚实的人才基础。

3. 确定招聘渠道

在教师招聘过程中,通常有多种途径可供选择。这些途径包括本校招聘、师范院校招聘、广告招聘和人才市场招聘等。每所大学可以根据自己的实际需求和情况,选择适合的招聘途径。

（1）本校招聘

本校招聘是指在学校内部进行招聘。这种途径通常适用于学校内部出现职位空缺的情况。通过本校招聘,学校可以更方便地了解候选人的教学能力、工作态度和职业发展规划,同时也有助于促进校内教师的职业发展。

（2）师范院校招聘

师范院校招聘是指直接在师范类院校进行招聘。这种方式可以快速地吸引大量的教育专业人才,同时也有助于学校与师范院校建立合作关系,促进双方之间的交流与合作。

（3）广告招聘

广告招聘是通过发布广告来吸引潜在的候选人。学校可以在校园网、社交媒体、报纸、杂志等媒体上发布招聘广告,吸引符合条件的候选人前来应聘。这种方式可以帮助学校扩大招聘范围,吸引更多的人才。

（4）人才市场招聘

人才市场招聘是指通过参加人才交流会、招聘会等方式进行招聘。这种方式可以让学校与众多的人才直接接触,了解他们的专业技能和工作经验,同时也有助于学校建立良好的形象和口碑。

在选择或组合招聘途径时,学校应该考虑自己的实际需求和情况,以及各种途径的优缺点。最终的目标是以合适的成本达到招聘目标,确保招聘到最适合的教师人选,为学校的长期发展提供有力的人才保障。

4. 发布招聘信息

在确定了招聘渠道之后,接下来就是发布招聘信息的环节。这一步骤至关重要,因为它决定了学校能否吸引到合适的候选人。为了确保招聘信息的有效性,以下几点是必须考虑的。

首先,需要确保所发布的信息能够引起相关人士的注意。这意味着信息必须具有足够的吸引力,让接收信息的人感到与自己或身边的人有关联。为了实现这一目标,我们可以从工作性质、乐趣、挑战性等方面进行描述,以展示职位的独特性和吸引力。在描述工作性质时,要突出其意义和价值,展示工作的重要性和对社会的贡献。这样可以激发应聘者的兴趣,让他们感受到工作的意义和价值。在描述工作的乐趣和挑战性时,可以强调其有趣的工作环境和具有挑战性的任务。这将使应聘者对

第四章 高等教育的教师管理研究

工作产生兴趣,并认为这是一份可以发展自己才能的职位。

此外,还需要预示工作的前景和个人的成长机会。通过强调职业发展前景和提升机会,可以激发应聘者的动力,促使他们积极行动起来。

最终,目标是引发应聘者的实际行动。为此,需要确保招聘信息清晰、准确、具体,以便应聘者能够清楚地了解职位的要求和机会。同时,还需要提供方便的联系方式和申请方式,以降低应聘者的门槛,让他们能够轻松地申请职位。

5. 接收应聘信息

在发布招聘信息后,大学人事管理者需要做好来访来电的接待工作,并设计一张完好的应聘申请表,以获取应聘者的信息。以下是具体的步骤和注意事项。

首先,大学人事管理者需要安排专人负责接待来访来电,为应聘者提供咨询和解答疑问的服务。这一环节对于应聘者来说非常重要,因为他们可能对招聘流程和职位要求存在疑问。因此,人事管理者需要耐心、细致地解答问题,并尽可能提供清晰、准确的答案。

其次,为了更好地了解应聘者的信息,大学人事管理者需要设计一张完好的应聘申请表。申请表的设计需要结合本校实际和所招聘岗位的实际需求来进行,以确保收集到准确、有用的信息。申请表中应包括基本信息、教育背景、工作经历、技能和兴趣爱好等项目,以便对应聘者进行全面评估。

最后,在收到申请表后,大学人事管理者需要及时汇总信息,以便掌握招聘的实际进展情况。这有助于及时发现问题、调整招聘策略,确保招聘工作的顺利进行。

6. 确定录用候选人

在确定录用候选教师阶段,大学人事管理者需要进行以下三步工作。

(1)核实应聘者的背景材料

在这一步,人事管理者需要核实应聘者的相关材料,包括文凭证书、资格证书、荣誉证书、健康证明等。为了确保材料的真实性,学校通常要求应聘者出示原件,并采取多种方式进行核查。例如,可以通过网上核实毕业证书的真实性,通过电话询问来核查其他证件的真实性。通过这一步,可以初步筛选出符合学校招聘要求的候选人。

(2)综合评定应聘者的成绩

在对应聘者的背景材料进行核实后,人事管理者需要综合评定应聘者的成绩。这通常包括笔试、面试、试讲等多种测评方式,对应聘者的知识水平、专业技能、沟通能力、应变能力等进行全面评估。通过定量与定性分析,可以对每个应聘者的成绩进行排序,确定其相对位置。在此基础上,采用多重淘汰法,即根据各种测评的成绩分别淘汰一定比例的低分者,最终按照计划招聘数从及格或某分数线以上的人员中确定录取人员。

(3)发布录用通知

最后一步是发布录用通知。通知的方式有多种,如电话通知、寄发书面通知或在指定时间、指定地点张榜公布,也可以选择在网上公布。无论采用哪种通知方式,都需要注意措辞礼貌,以尊重落聘者。同时,需要告知被录用的应聘者何时来校报到签约,以确保招聘流程的顺利进行。

通过以上三步工作,大学人事管理者可以确定最终录用的候选教师。这一阶段的工作对于确保招聘到最合适的人选至关重要,是实现教师招聘目标的关键环节。

7. 办理手续

招聘工作过程的最后一个环节是办理相关手续,以确保招聘的合法性和有效性。以下是这一环节的具体步骤和注意事项。

首先,学校需要与聘用的教师签订合同协议。合同协议是双方权益的保障,也是明确双方权利、责任和义务的重要依据。在签订合同前,学校需要认真审查应聘者的资格和条件,确保其符合招聘要求。合同内容应明确具体,包括工作时间、待遇、工作内容、薪酬等条款,以避免日后产生纠纷。同时,合同必须符合相关法律法规的规定,确保其合法性。

签订合同后,学校需要按照合同约定履行相关义务,如支付薪酬、提供培训等。同时,学校也需要监督教师的工作表现,确保其符合学校的要求。如果发现教师存在违规行为或不能胜任工作,学校需要及时采取措施,如进行警告、调岗或解除合同等。

其次,在聘用手续办理完毕后,学校需要将所聘用人员造册上报教育行政主管部门备案、审核。这一步骤是为了确保学校的招聘工作符合教育行政主管部门的要求,也是为了保障教师的合法权益。

最后,学校需要将招聘结果公之于众,接受公众监督。这不仅可以增加招聘工作的透明度,还可以提升学校的形象和声誉。通过公开招聘结果,学校可以展示其公平、公正、公开的态度,吸引更多优秀的人才加入学校的工作团队。

二、大学教师的培训管理

(一)大学教师培训的作用

1. 提高人力资源的价值

通过全面的、高效的培训,可以深度挖掘人力资源的潜在价值。这种培训不仅可以提高单个员工的技能和知识,还可以增强整个团队的合作精神和效率。当谈到对教师的培训时,这实际上是对他们的一种长期投资。这种投资不仅可以帮助教师提升他们的专业能力,还可以确保他们能够与时俱进,满足社会不断变化的需求。通过持续的培训,大学教师可以保持他们的专业竞争力,为学校和社会作出更大的贡献。因此,对教师的培训不仅是必要的,而且是至关重要的。

2. 提高工作绩效

通过深入的培训,大学教师可以接触到最新的教育理念和知识技能。这些新的理念和技能不仅可以拓宽教师的视野,还可以帮助他们改进教学方法,使教学更加生动、有趣和有效。通过培训,教师可以更好地理解和满足学生的需求,提高学生的学习效果。这不仅有助于提高教师的教学水平,还有助于提高教学质量,从而提升他们的工作绩效。因此,培训对于大学教师来说是一项非常有益的投资。

3. 促进学校的和谐发展

对大学教师进行培训,不仅关乎教师个人的成长,更是对学校整体发展的有力推动。通过培训,教师可以更深入地理解学校的核心价值观和目标,感受到学校对他们的关心和支持。这种情感上的链接可以极大地激发教师的工作和学习热情,使他们更有动力去追求卓越,为学校的发展贡献自己的力量。

同时,培训也是增强教师对学校认同感和满意度的重要途径。当教师看到学校愿意投入资源来提升他们的专业能力时,他们对学校的归属感和忠诚度也会相应提高。这种高度的认同感和满意度有助于保持教师团队的稳定性,降低人员流动率,从而为学校的和谐发展提供有力的保障。

4. 提升校园文化和学校形象

高校对教师的系统化培训,不仅要关注其专业能力的提升,更要深入教师的价值观和道德观念的塑造上。这种全面的培训方式有助于教师个体综合素质的全面发展。当教师的专业能力和道德观念得到同步提升时,他们将为学校的发展带来深远的影响。

一支具备卓越素质和修养的教师队伍,是高校软实力的重要组成部分。这样的团队不仅在教学上表现出色,更能通过自身的行为和态度,对学生产生积极的影响。他们的言传身教,有助于塑造出优秀的校园文化,培养出具有高尚品德和良好修养的学生。

此外,优秀的教师团队也是提升学校整体形象和声誉的关键因素。在社会公众的眼中,教师是学校的代表,他们的专业素养和道德风范直接影响到外界对学校的评价。因此,提升教师的综合素质,是对学校声誉的一种无形投资。

5. 增强学校的改革创新能力

教师之间的学习交流不仅是他们个人成长的平台,更是高校与外界进行信息交流的重要渠道。这种交流不仅限于学术领域,还涉及教学方法、教育理念等多个方面。通过教师之间的互动和学习,高校可以吸收外部的先进经验和知识,不断更新自身的教育体系。

教师的进步是学校进步的直接体现。一个积极向上、不断进步的教师团队,代表着学校整体的教育水平和实力。这种实力不仅体现在教学质量上,更表现在学校的创新能力上。只有不断创新、不断改革,高校才能跟上时代发展的步伐,为学生提供更加优质的教育资源。

(二)大学教师培训工作的流程

1. 确定培训需求

确定培训需求是大学教师培训工作中不可或缺的一环。只有深入了解教师的实际需求,才能确保培训内容与教师的真实需求相匹配,从而提升培训效果。可以通过以下几种方法确定培训需求。

(1)教师自我评估

教师需要对自己的教学能力、专业知识、技能以及个人发展需求进行深入反思。通过自我评估,教师可以清晰地认识到自己的长处和不足,明确自己在哪些方面需要提升和改进。这种自我反思有助于教师更主动地参与培训,明确学习目标,提高学习效果。

(2)同事评估

教师之间可以通过相互观察、交流和评估,了解彼此在教学、研究以及团队协作等方面的能力和表现。这种同事间的评估可以提供一种外部视角,帮助教师发现一些自己可能忽视的问题和可以借鉴的优点。通过同事间的反馈和分享,教师可以找到共同的成长点,促进团队整体水平的提升。

(3)学生评估

学生作为教师的直接受众,对教师的教学质量有着直观的感受。通过收集学生对教师教学态度、教学方法和教学效果的反馈,可以深入了解教师在教学中存在的问题以及学生的真实需求。这些信息对于改进教学质量、优化教学方法以及提升教师能力等具有宝贵的参考价值。

(4)领导评估

学校领导通常具备更为宏观的视野和丰富的管理经验,他们可以通过对教师工作表现的综合评估,发现教师在个人发展、教学和科研等方面的潜在需求。领导的评估和建议可以为教师提供更为全面和专业的指导,帮助教师明确职业发展方向,提升自身能力。

2. 编制培训计划

制订一个可行的培训计划是确保大学教师培训工作顺利开展的关键。这一过程需要全面考虑各种因素,以确保培训计划既实际又具有可操作性。以下是制订培训计划时需要重点考虑的几个方面。

(1)培训时间

培训时间不仅要符合培训需求,还要充分考虑到教师的实际工作安排。确保教师有足够的时间参加培训,避免与教学和其他工作任务的冲突。合理安排培训时间,如集中时间段或分散时间段,以满足不同教师的需求。

(2)培训地点

根据培训内容和参与教师的人数,选择一个交通便利、设施完备的培训场所。确保教师能够方便地到达培训地点,并提供舒适的培训环境。此外,考虑到远程参与的教师,应提供适当的在线培训平台或技术支持。

(3)培训内容范围

在确定培训内容范围时,要紧密结合培训需求和教师的实际情况。根据教师的能力短板和职业发展需求,设计有针对性的培训课程和主题。确保培训内容与教师的专业领域和实际工作密切相关,能够解决他们在教学中遇到的实际问题。

(4)培训组织和管理方式

根据培训内容和参与教师的特点,选择适合的培训形式,如讲座、工作坊、研讨会等。同时,制订合理的组织流程和管理规则,确保培训的有序进行。明确培训前的准备事项、培训中的纪律要求以及培训后的反馈机制等。

(5)受训人员

在确定受训人员时,要明确需要参加培训的教师名单和负责培训的人员。确保受训教师具有一定的代表性,能够反映不同学科和教学层次的需求。同时,根据培训内容和形式,选定合适的培训师或导师,他们应具备相关领域的专业知识和丰富的培训经验。

（6）规划合理的培训预算

规划合理的培训预算是确保培训计划得以实施的重要保障。根据培训的实际需求和资源消耗，制订详细的预算计划。预算应包括场地租赁、设备购置、讲师费用、教材资料等方面的支出。同时，考虑到可能的变动因素，预留一定的预算调整空间。通过合理的预算规划，确保培训计划的经费得到充分保障。

3. 进行培训设计

培训的执行阶段是培训过程中至关重要的一环，它直接关系到培训效果和目标的实现。在培训设计阶段，培训设计者和培训教师需要完成一系列任务，以确保培训的顺利进行。以下是培训设计阶段的主要任务。

（1）规划培训课程体系

这一步骤要求培训设计者根据培训需求和教师的实际情况，构建一个系统、全面的培训课程体系。课程体系应涵盖教师所需的各个方面，包括专业知识、技能、教学方法等，确保培训内容能够满足教师的实际需求。

（2）开发培训资源

在确定课程体系后，培训设计者需根据课程需求开发相应的培训资源。这包括教材、课件、教学视频等，以确保教师能够获得丰富的学习材料和实践指导。此外，还需提供一些辅助工具和平台，如在线学习平台、交流社区等，以支持教师的自主学习和交流互动。

（3）设计具体的项目模块和课程

这一步要求培训设计者根据培训需求和目标，设计具有针对性的项目模块和课程。每个项目模块和课程都应明确教学目标、教学内容和教学方法，以确保教师能够通过培训获得实际的教学技能和知识。此外，还需考虑如何将理论与实践相结合，设计具有实际操作性的培训项目，让教师能够在实践中学习和成长。

（4）教学准备

在完成项目模块和课程的设计后，培训教师需根据设计好的内容准备相应的教学材料和工具。这包括教案、教学 PPT、教学视频等，以确保教师在培训过程中能够顺利地进行教学演示和实践操作。此外,还需为教师提供必要的技术支持和教学指导,帮助他们更好地理解和掌握培训内容。

4. 实施培训计划

在培训的实施阶段,培训教师需采取一系列行动来确保培训的有效性和参与教师的收获。这一阶段是培训过程中至关重要的环节,因为它是教师真正吸收知识和技能的关键时期。以下是培训实施阶段的关键任务和考量。

首先,培训教师需全面考虑教师的实际情况和需求,确保培训方案和资源与教师的专业领域、教学风格以及个人发展目标相匹配。这意味着培训内容应具有实用性和针对性,能够解决教师在实际教学中遇到的问题,并提供切实可行的解决方案。

其次,培训教师需要制订详细的培训计划和时间表,明确每个阶段的目标、内容和时间安排。确保培训过程有序、结构清晰,为教师提供一个有条不紊的学习环境。同时,根据实际情况灵活调整计划,以适应教师的需求和反馈。

再次,在实施培训过程中,有效的沟通和协调至关重要。培训教师需与教师保持密切的互动和沟通,了解他们的学习进展、困难和需求。通过定期的反馈机制,收集教师的意见和建议,及时调整培训内容和方式。此外,与教师共同商讨和解决问题,确保各方协调一致,共同推进培训工作的顺利开展。

从次,培训教师还需关注参与教师的个人发展需求,为他们提供个性化的指导和支持。根据教师的不同背景和需求,制订个性化的学习计划和发展目标。通过一对一的辅导、工作坊或小组讨论等形式,提供有针对性的指导和支持,帮助教师实现个人发展目标。

最后,培训教师需对培训效果进行评估和反馈。通过评估教师的学习成果、教学质量和实际应用能力,了解培训的有效性。收集教师的反馈意见,对培训方案和资源进行持续改进和优化。通过不断调整和完善培训过程,提高教师的专业素养和能力水平。

5. 进行培训反馈与总结

对培训工作进行总结和反馈评价是整个培训过程中的重要环节,它不仅有助于提升培训效果,还有助于改进和完善未来的培训计划。

首先,对培训教师的考评是必不可少的。培训结束后,应对培训教师进行全面的评价,包括他们的教学态度、教学方法以及教学效果等。这种评价可以帮助了解培训教师的教学水平和专业能力,为今后的培训工作提供参考和借鉴。此外,这种评价还有助于激励培训教师不断提升自己的教学水平和专业素养。

其次,对培训成果和应用反馈进行评价也是非常重要的。了解教师对培训内容的掌握情况和应用情况,评估他们的学习成果、实践能力以及教学成果,是衡量培训效果和质量的关键。这种反馈评价可以帮助了解培训内容的实用性和针对性,为今后的培训内容和课程设计提供改进方向。

再次,对培训组织管理的考评也是必不可少的。评估培训的组织和管理情况,包括培训计划的制订、培训资源的准备以及培训实施的过程等,有助于了解培训管理和组织的有效性。这种评价有助于发现和改进在培训管理和组织方面存在的问题和不足,提升未来的培训效果和质量。

最后,进行培训总结、资源归档也是非常重要的。在培训结束后,应对整个培训过程进行总结,编写培训总结报告,并对培训过程中使用的各种资源、资料等进行归档整理。这种总结和归档不仅有助于回顾和评估本次培训的效果和质量,还可以为今后的培训工作提供宝贵的参考和借鉴。

第四节 大学教师的薪酬管理与考核管理

一、大学教师的薪酬管理

大学教师的薪酬管理是一项复杂而重要的任务,它关乎教师的切身利益和工作积极性,进而影响整个高等教育机构的教学质量和科研水平。

(一)大学教师薪酬管理的目标

1. 留住和吸引优秀的教师人才

教师的薪资满意度对他们的去留具有深远的影响,这一点在高等教育领域尤为突出。当教师对薪资感到满意时,他们更可能对工作环境持有积极的态度,更愿意留在学校,为学校的发展贡献自己的力量。相反,如果教师对薪资不满意,他们可能会寻找其他的工作机会,甚至选择离开高校,这无疑会对高校的教学质量和科研水平产生一定的负面影响。

我们要认识到教师的薪资满意度不仅关乎他们的个人利益,更是影响他们工作积极性和职业忠诚度的重要因素。一个科学合理的薪酬制度,应当能够充分体现教师的劳动价值,同时激励他们不断追求卓越。它不仅要考虑教师的职称、职务、学历等基本因素,更要与教师的教学质量、科研成果、社会服务等多方面表现挂钩,形成多元化的薪酬结构。

有效的薪酬管理对于维护和提高教师的薪资满意度至关重要。这涉及薪酬制度的透明度和公平性、薪酬调整的及时性和合理性以及薪酬与绩效的关联性等多个方面。高校需要建立公开、公正的薪酬管理制度,确保教师能够清楚地了解自己的薪酬构成和评定标准。同时,根据市场变化、学校发展以及教师个人的成长,及时调整薪酬,使教师的收入与他们的付出相匹配。

此外,高校还需要关注薪酬的激励作用。除了提供具有竞争力的薪资外,高校还应为教师提供更多的职业发展机会、荣誉和认可等非物质激励。这不仅能够满足教师的个人成长需求,还能在一定程度上弥补物质激励的不足,提高教师的满意度和忠诚度。

2. 使大学教师能够安心本职工作

教师的薪资满意度不仅关乎他们的经济利益,更直接影响到他们的工作心态和职业情感。如果教师的薪资不到位或收入不公平,可能会导致教师产生不满、焦虑等负面情绪,进而影响其工作积极性和职业稳定性。因此,通过科学合理的薪酬管理和有效的薪酬管理措施,高校可以确保教师的薪资合理、公正,从而稳定教师的心态,让他们能够安心踏实地投身于自己的教学事业。

当教师感到自己的付出得到了应有的回报,他们的心态会更加稳定,对工作的热情也会提高。在这种情况下,教师会更加积极地投身于教学和科研工作,不断追求个人的成长和专业的提升。同时,他们也会更加关注高校的整体发展,愿意为学生的教育质量负责。这样的良性循环为高校的发展奠定了坚实的基础,也为提升教学质量和科研水平提供了持续的动力。

3. 推动高校教育目标和大学教师个人的协调发展

薪资管理作为高校人力资源管理的一部分,与教师的职业发展紧密相关。高校应将教师的薪资与其职业成长相结合,建立完善的激励机制,鼓励教师在教学、科研和社会服务等方面不断提升自己。通过合理的薪资调整和晋升机制,为教师提供广阔的职业发展空间,激发他们的潜力,为高等教育事业的长远发展注入源源不断的动力。

（二）大学教师薪酬管理现存的问题

1. 工资水平普遍偏低

高等教育作为一个高度依赖智力的行业，对教师的学历和知识水平要求相对较高。因此，确保教师的薪酬水平与他们的知识价值相匹配变得尤为重要。如果大学教师的工资水平过低，不仅难以吸引高层次的人才加入教师队伍，还可能导致现有教师流失或工作积极性下降。

从当前情况来看，我国大学教师的工资水平在市场上缺乏竞争力。这种状况可能导致优秀人才不愿投身于高等教育事业，转而选择其他行业或海外发展机会。

对于许多教师而言，提高收入是最迫切的需求之一。教师的收入不仅关乎他们的生活质量，更是对其个人价值和社会地位的体现。当教师的工资水平与他们的付出和学识不成正比时，不仅会影响他们的心态和工作热情，还可能导致教育质量的下降。

因此，高校应重视教师的薪资问题，建立科学合理的薪酬制度，确保教师的工资水平与市场接轨，并具备一定的竞争力。这不仅可以吸引更多优秀的人才加入高等教育事业，还有助于稳定现有教师队伍，激发他们的工作热情和创新精神。

2. 薪酬结构不合理

当前，我国大学教师的薪酬结构存在一些不合理之处，主要体现在以下几个方面。

首先，薪酬结构过于复杂，包含的项目众多，而且存在功能重复的现象。这种复杂的薪酬结构不仅增加了学校薪酬管理的难度，还导致管理效率难以提高。在实际操作中，复杂的薪酬结构可能导致教师对薪酬制度产生困惑，难以理解自己的薪酬构成，进而影响他们的工作积极性和满意度。

其次，基本工资与津贴福利的比例关系不科学。基本工资作为教师稳定收入的主要来源，其比例相对偏低，而校内津贴等福利性收入的比重相对过高。这种薪酬结构可能导致教师过于关注短期收益,而忽视长期职业发展和学术研究。他们可能会将过多的精力投入增加津贴的活动中,而忽略教学和科研等核心工作。

为了解决这些问题,高校需要对当前的薪酬结构进行改革。

3. 福利制度不完善

我国大学教师的福利主要包括法定福利和高校自主规定的福利两部分。法定福利,如五险一金,为教师提供了基础保障,这部分福利相对固定,是教师福利体系的重要组成部分。然而,高校自主规定的福利却存在一些问题,主要体现在稳定性和灵活性方面。

许多高校在自主规定福利时,未能充分考虑教师的实际需求和差异性。这导致福利体系缺乏足够的灵活性和多样性,不能满足教师的个性化需求。此外,一些高校的教师福利体系往往是封闭的,教师无法参与设计或根据自己的需求在规定范围内进行选择。这不仅限制了教师的福利选择权,也可能导致福利资源的不合理分配。

4. 考核体系不完善,收入差距大

大学教师的薪酬通常与考核结果紧密相关,因此教师考核体系在薪酬管理中占据着至关重要的地位。然而,当前我国大学教师考核体系存在明显的不足之处,这在一定程度上影响了薪酬管理的公平性和有效性。

首先,许多高校在教师考核时过于关注工作量、岗位出勤率、发表论文专著数量、科研项目数量等易于量化的指标。这些简单的考核标准忽视了教师工作的复杂性和多样性,无法全面反映教师的工作质量和科研成果。这种考核方式容易导致不公平的现象,抑制教师的工作积极性和创新精神。

其次,不完善、不科学的教师考核体系还可能导致教师之间的收入差距过大。由于缺乏合理的评估标准和科学的指标体系,一些教师的收入很高,而另一些教师的收入却很低。这种不合理的收入分配状况不利于提高高校的整体凝聚力和竞争力,也可能影响教师之间的和谐关系。

(三)大学教师薪酬管理的策略

1. 提高大学教师的工资水平

提高大学教师的工资水平对于吸引和留住优秀教师、提升高等教育质量和推动社会发展具有重要意义。为了实现这一目标,国家及高校可以采取以下几种策略。

第一,提高基本工资水平。基本工资是教师收入的重要基础,提高基本工资可以更好地保障教师的物质生活需求,增强他们的职业满足感和稳定性。国家可以通过财政拨款、政策倾斜等方式增加对高等教育的投入,为提高教师基本工资提供资金支持。高校则可以根据市场情况和自身经济实力,合理调整教师的基本工资水平。

第二,完善绩效工资制度。通过建立科学、公正的绩效评价体系,将教师的教学质量、科研成果、社会服务等方面纳入考核范围,并根据绩效表现给予相应的绩效工资奖励。这不仅可以激励教师更加努力地工作,提高教学质量和科研水平,同时也能确保优秀教师的劳动得到应有的回报。

第三,优化福利待遇。除了基本的五险一金等福利,高校还可以提供更多的福利待遇,如住房补贴、子女教育优惠、健康保险等。这些福利能够解决教师的后顾之忧,增强他们对高校的归属感和忠诚度。

第四,提供职业发展机会。教师不仅关注物质待遇,更重视个人的职业发展。高校可以设立培训计划、提供学术交流机会、鼓励教师参与国际合作等,为教师提供更多的职业发展平台和机会。这不仅可以提升教师的专业素养和学术水平,还能增强他们的工作满意度和忠诚度。

2. 贯彻与落实全面薪酬管理理念

全面薪酬管理理念是一种全面、系统、先进的管理理念,它不仅关注货币性报酬,如工资和福利待遇,还重视非货币性报酬的提供。在高校中实施全面薪酬管理,有助于更好地满足教师的多元化需求,提高教师的薪酬满意度,进一步激发他们的工作热情和创造力。

第四章 高等教育的教师管理研究

首先,全面薪酬管理理念强调对教师需求的关注和满足。在传统薪酬管理模式下,教师可能只能获得基本的工资和福利待遇,而缺乏其他形式的激励。全面薪酬管理则注重满足教师的个性化需求,通过提供多元化的报酬形式,如培训机会、晋升空间、学术研究支持等,激发教师的积极性和工作动力。

其次,全面薪酬管理有助于提高教师的薪酬满意度。薪酬满意度是影响教师工作态度和绩效的重要因素。通过实施全面薪酬管理,高校可以更全面地了解教师的需求和期望,制订出更加公平、合理的薪酬体系。同时,教师也可以通过全面薪酬管理获得更多的参与感和归属感,从而提高对学校的忠诚度和工作满意度。

最后,实施全面薪酬管理还有助于提高高等教育质量和推动社会发展。当教师的薪酬满意度得到提高时,他们会愿意投入更多的时间和精力在教学和科研工作中,从而提高高等教育质量。同时,优秀的教师资源也是推动社会发展的重要力量,通过留住和吸引优秀教师,高校可以为社会发展做出更大的贡献。

3. 构建自主薪酬管理体制

高校构建自主薪酬管理体制需要政府给予一定的支持和指导,其中包括适当下放一些权力给高校,让高校在薪酬制度和管理上拥有一定的自主权。这样能够更好地适应高等教育市场的变化和不同高校的特点,使薪酬体系更加灵活、多样,更好地满足教师的需求。

同时,政府应鼓励高校拓宽实行资金再分配的渠道。高校可以根据自身的实际情况和需求,自主决定薪酬的分配方式和比例,包括基本工资、绩效工资、福利待遇等。通过合理的资金再分配,高校可以更好地平衡教学与科研、不同学科领域之间的资源分配,确保薪酬体系与学校的发展战略和目标相一致。

此外,高校的薪酬分配制度应与国家的税收财政制度、社会保障制度等合理衔接。这样能够确保高校在自主选择薪酬分配模式和工资水平时,能够与国家的法律法规和政策相符合,避免出现违反规定的情况。同时,合理的衔接也有助于保障教师的合法权益,提供更好的职业保障和发展机会。

政府与高校之间应建立有效的沟通与合作机制,共同推动自主薪酬管理体制的构建与完善。政府可以提供政策指导和资金支持,帮助高校解决在自主薪酬管理过程中遇到的问题和困难。高校则可以反馈实践中的情况和经验,为政府制订更加科学、合理的政策提供参考。

4. 增加薪酬分配的公平合理性

薪酬分配的公平性和合理性在高校薪酬管理中具有至关重要的地位。为了充分发挥薪酬的激励作用,高校管理者在制订和实施薪酬分配方案时必须同时考虑内部公平和外部公平。

内部公平是指高校内部不同职位之间的薪酬分配要合理、公正。高校管理者需要建立科学、合理的职位评估体系,根据职位的职责、要求、难度和贡献等因素,对各个职位进行公正的评估,并确定相应的薪酬水平。这样可以确保相同职位的教师获得公平的薪酬,同时也能激励教师不断提升自己的能力和表现,争取更高的薪酬。

外部公平是指大学教师的薪酬水平要与市场行情相匹配,具有竞争力。高校管理者需要定期进行市场调查,了解同行业和地区的薪酬水平和趋势,以确保教师的薪酬水平与市场接轨,既不过高也不过低。这样可以吸引和留住优秀的教师资源,提升高校的竞争力。

同时兼顾内部公平和外部公平,需要高校管理者在制订薪酬分配方案时进行综合考虑。一方面,要确保内部公平,建立公正的职位评估体系,根据教师的实际表现和能力调整薪酬;另一方面,要关注外部公平,定期进行市场调查,调整薪酬水平以保持竞争力。此外,还需要与教师进行充分的沟通与反馈,了解他们的期望和需求,争取他们的理解和支持。

二、大学教师的考核管理

(一)大学教师考核的原则

1. 条件公开原则

条件公开原则在大学教师考核中的落实,对于保障公平、透明的考核环境至关重要。为了确保这一原则的贯彻实施,需要制订科学、具体的考核内容和标准,并建立完善的考核规章制度。

首先,制订科学、具体的考核内容和标准是确保条件公开原则落实的关键。高校应根据教师岗位职责和工作内容,制订详细的考核指标,包括教学、科研、社会服务等方面的具体要求和标准。这些指标应该明确、可衡量,以确保教师在考核过程中有明确的指导方向和标准依据。同时,考核标准应具有一定的合理性和公正性,避免主观臆断和偏见对考核结果的影响。

其次,建立完善的考核规章制度是确保条件公开原则得以实施的重要保障。高校应制订具体的考核程序和流程,包括考核周期、考核方法、评价主体等方面的规定。这些规章制度应明确、具体,并确保教师能够充分了解和遵循。通过规范化的考核流程,可以减少操作中的随意性和主观性,提高考核的客观性和公正性。

最后,公开透明的考核过程也是条件公开原则的重要体现。高校应确保考核过程公开透明,及时公布考核结果和相关数据,接受教师的监督和质询。同时,对于考核中存在的问题和争议,高校应积极回应和解决,确保教师的权益得到保障。

2. 奖惩公平原则

在大学教师考核中,公平的奖惩机制不仅有助于激励优秀教师继续保持高水平的表现,同时也能对表现不佳的教师起到积极的引导和改进作用。

对于那些在教学、科研和社会服务等方面表现优秀的教师,适当的奖励能够充分肯定他们的努力和贡献,并为他们提供继续前进的动力。这些奖励可以是物质奖励,如奖金、礼品等,用以表达对教师工作的认可和赞赏。此外,精神奖励也同样重要,如公开表扬、颁发证书、提供晋升机会等,这些能够提升教师的职业荣誉感,进一步激发他们的工作热情。

而对于那些表现不佳的教师,适当的惩罚也是一种必要的引导方式。惩罚可以是口头或书面的警告,提醒教师需要改进他们的教学和科研工作。此外,罚款或限制晋升等措施也能够促使教师认识到自己的不足,并积极寻求改进。但需要注意的是,惩罚必须遵循公平、公正的原则,避免主观随意性和过度严厉的处罚。

3. 考核公正原则

公正原则是教师考核中最为核心和基本的要求,它要求在考核过程中实事求是,对每一位教师都进行公正、客观的评价,不受主观因素干扰。为了真正贯彻这一原则,需要从多个方面入手。

首先,制订客观的考核标准是关键。高校管理者在制订考核标准时,应充分考虑教师的岗位职责和工作内容,确保标准既具体又全面。这些标准应该经过充分论证和讨论,以确保其合理性和公正性。一旦确定,应尽量避免随意更改,以保证考核的稳定性和连续性。

其次,考核内容应全面反映教师的发展变化。除了关注教师的教学、科研等主要工作,还应考虑教师的个人成长、团队合作、社会服务等方面的表现。这样的综合评价方式能够更全面地反映教师的实际能力和贡献,避免以偏概全的现象。

再次,选择合适的考核方法和技术也至关重要。高校管理者应根据实际情况,采用多种考核手段相结合的方式,如定性评价与定量评价相结合、自我评价与他人评价相结合等。通过综合运用这些方法和技术,可以提高考核的准确性和公正性,使评价结果更具说服力。

最后,为了确保公正原则的落实,高校应建立健全的监督机制。对于考核过程中可能出现的主观因素和偏差,应有相应的监督机构或人员进行审查和纠正。同时,应鼓励教师参与考核过程,提供反馈和建议,以确保考核的公正性和透明度。

(二)大学教师考核的主要内容

根据《中华人民共和国教师法》规定,可以将大学教师考核的内容分为以下几个方面。

1. 政治思想

大学教师政治思想考核是评估教师在政治立场、思想品质和道德面貌等方面的关键环节,它在教师职业考核中占据着举足轻重的地位。这

第四章　高等教育的教师管理研究

一考核不仅关乎教师的个人素养,更直接影响到高等教育的质量和学生的成长环境。

在政治思想方面,大学教师承担着重要的社会责任。他们应当坚定地站在社会主义的立场上,毫不动摇地坚持四项基本原则,坚决拥护中国共产党的领导。这意味着他们不仅要在言行上遵守宪法、法律和职业道德规范,还要将这些原则融入日常的教育工作中,贯彻国家教育方针。

同时,大学教师应当全身心地热爱高等教育事业,视教书育人为己任。他们不仅要传授知识,更要注重培养学生的品德和综合能力。这就要求他们具备高尚的职业道德,以身作则,成为学生的楷模。

教书育人的过程中,大学教师应当尊重每一个学生,关心他们的成长和需求。他们要爱护学生,关心学生,尽自己最大的努力去帮助他们。这需要教师具备奉献精神,勇于探索和创新,不断提升自己的教育水平。

更为重要的是,大学教师应当具备高尚的道德品质和崇高的思想境界。他们不仅是知识的传播者,更是道德的引路人。只有具备这样的素质,他们才能真正做到为人师表,为学生的成长提供正确的引导和支持。

2. 业务水平

业务水平考核是对教师文化科学知识和专业知识掌握程度的评估,旨在判断其是否具备从事学科教学的能力。在业务水平方面,大学教师应当具备深厚的学科背景和广泛的文化科学知识,能够全面掌握所授课程的内容,为学生提供优质的教学。

教师不仅要传授知识,更要根据学生的个性化需求和特点,灵活运用不同的教学方法和手段,帮助学生更好地理解和应用所学内容。此外,教师还应具备一定的自学能力和创新能力,能够不断更新自己的知识体系,积极探索教育教学的新理念和新技术,以提高教学质量。

在团队协作和表达能力方面,大学教师应具备良好的沟通技巧和合作精神,能够与其他教师和教育工作者密切合作,共同推进学校的教育教学改革。他们还应清晰地表达自己的观点和见解,与学生进行有效沟通,促进学生的学习和发展。

在进行业务水平考核时,高校应综合评估教师的教学水平、科研成果、学术论文以及教学质量等多个方面。通过实际表现的评估,可以全面了解教师的业务水平和能力,为教师的职业发展提供有针对性的指导和支持。

3. 工作态度

工作态度考核主要考查教师对待工作的认真程度和与他人的交往方式。大学教师对待工作应具备高度的社会责任感和职业道德,始终保持认真负责的态度,积极主动地完成各项教学和科研任务。他们不仅要关注自身的教学水平,还要不断探索创新,提高自己的科研能力,为学校的发展贡献力量。

同时,大学教师还应该与同事、学生和领导建立良好的关系。他们要以真诚、宽容和协作的态度对待他人,尊重他人的意见和观点,并积极参与团队协作。在与学生交往中,教师应注重培养学生的综合素质,关心学生的成长,为他们提供指导和支持。

在进行工作态度考核时,高校应关注教师的实际表现,包括他们的工作责任心、工作积极性、协作能力和沟通能力等方面。通过综合评价,可以全面了解教师的工作态度和人际关系,为教师的职业发展提供有针对性的建议和指导。

4. 工作实绩

大学教师的工作实绩是评估其教学和科研成果的重要依据,主要包括完成工作的数量、质量和成果等多个方面。其中,工作质量是反映教师业务水平的关键指标,因此在工作实绩的考核中占据着核心地位。

通过科学、公正的考核机制,高校可以全面了解教师的教学和科研成果,为教师的职业发展提供有针对性的指导和支持。同时,考核结果也可以作为激励和奖励教师的依据,激发教师的教学和科研热情,进一步提高教学水平和科研能力。

（三）大学教师考核的方式

1. 定期考核与不定期考核

高校对教师进行定期考核和不定期考核的主要目的是全面评估教师的教学、科研以及工作业绩，为教师的职业发展提供指导和支持。定期考核通常是在固定的时间段内进行，如季度考核和年度考核，旨在系统地了解教师在一定时间段内的表现和成果。这种考核方式有助于教师及时了解自己的工作状况，发现不足之处，并采取措施进行改进。

不定期考核则具有突发性，通常在没有提前通知教师的情况下进行，例如职称评审、突发事件应对等。这种考核方式主要是为了检验教师应对突发情况的能力，以及在特定情境下的表现。通过不定期考核，高校可以全面了解教师的综合素质和应变能力，为教师的职业发展提供有针对性的指导和支持。

在进行定期考核和不定期考核时，高校应注重公正、客观和科学的原则。要制订明确的考核标准和程序，确保考核的准确性和公正性。同时，采用多种考核方式进行全面评价，包括教师自评、同行评价、学生评价等。这样可以更加客观地了解教师的教学、科研和工作表现，为教师的职业发展提供更加全面和准确的指导。

2. 定量考核与定性考核

定量考核是一种将教师工作价值通过数量化的分析和计算进行具象化的考核方式。它具有客观、精确的优点，主要应用于可以通过数据进行衡量的方面，如教学工作量、科研成果数量等。通过定量考核，高校可以对教师的工作进行精确的评估和比较，有助于提高考核的准确性和公正性。

然而，定量考核也存在局限性。教师的工作涉及许多非量化的因素，如教学质量、学生心理状态等，这些因素难以通过简单的数字来全面反映。过度依赖定量考核可能导致对教师工作质量的忽视，从而影响教师的工作积极性和职业发展。

而定性考核则是通过对教师工作进行概念和程度的考核,以此来表明考核对象的性质和程度。它具有便于操作和效率较高的优势,能够对教师整体情况有更深入的了解。定性考核关注教师的工作过程、教学态度、团队协作等方面,有助于全面评估教师的综合素质和表现。

然而,定性考核也存在不够客观的问题。参与考核的人员可能存在个人偏见或过于强调某些方面,导致考核结果不够客观。因此,高校应结合定量考核和定性考核的优点,制订科学、公正的考核机制,以确保考核结果的准确性和公正性。

3. 自我考核与他人考核

自我考核是教师自我审视和提高的重要过程,它要求教师实事求是地评估自己的工作表现,以看清自己的价值、发扬优点和改正缺点。通过自我考核,教师可以更好地了解自己的工作状况,发现不足之处,并采取措施进行改进。

在进行自我考核时,教师需要注意以下几点。首先,要保持客观、真实的态度,不夸大自己的成绩也不回避存在的问题。其次,要全面地审视自己的工作表现,包括教学、科研、团队合作等方面。最后,要根据自我考核的结果制订具体的改进计划,并付诸实践。

除了自我考核外,他人考核也是重要的考核方式之一。他人考核包括专家考核、同事考核和学生考核等,其中同事考核和学生考核是较为常用的考核方法。

同事考核是指教师同行之间的相互评价。由于同事之间相互了解,能够更准确地评估教师的教学水平和科研能力。同时,同事考核还可以促进教师之间的交流和合作,共同提高教学和科研水平。

学生考核是教师考核中不可或缺的一部分。学生作为教学的直接受益者,对教师的教学质量有着最直观的感受。通过学生考核,可以了解教师的教学态度、教学方法、课堂管理等方面的情况,为教师提供有针对性的改进意见。

在进行学生考核时,学校需要做好相关人员的工作。领导需要做好组织工作,保证考核的顺利进行;同时要解除教师和学生的思想顾虑,让教师明白这种考核是为了提高教学的技术和质量,而学生则要诚实无保留地将自己的意见反映给老师。

4. 综合考核与单项考核

综合考核是对教师进行全面、综合性的考察与评价，旨在全面了解教师的各个方面，包括思想政治表现、业务水平、工作成绩等多个方面。在综合考核中，高校应制订明确的考核标准和程序，确保考核的公正、客观和科学。要采用多种考核方式相结合的方式进行全面评价，包括教师自评、同行评价、学生评价等。这样可以更加客观地了解教师的教学、科研和工作表现，为教师的职业发展提供更加全面和准确的指导。

同时，高校还需要注重对教师的思想政治表现的考核。教师的思想政治表现是教师职业道德的重要组成部分，也是高校培养德智体美劳全面发展的优秀人才的重要保障。在综合考核中，高校应将教师的思想政治表现作为重要的考核内容，包括教师的政治立场、思想觉悟、道德品质等方面。

此外，业务水平和工作成绩也是综合考核的重要内容。教师的业务水平是评估教师教学和科研能力的重要依据，工作成绩则是评估教师工作表现和工作成果的重要指标。在综合考核中，高校应将教师的业务水平和工作成绩相结合，进行全面、客观的评估。

单项考核是有针对性地对教师的某一个方面进行考察与评价。例如，对教师的课堂教学质量进行评估、对教师的科研成果进行评价等。单项考核可以更加深入地了解教师在某一方面的表现和成果，为教师的专业发展提供有针对性的指导和支持。

不论是综合考核还是单项考核，都应该按照规定科学、合理地进行，不能随意进行。高校应建立健全的监督机制，对考核过程进行监督和评估，以确保考核结果的客观性和公正性。同时，高校还应注重考核结果的反馈和运用，为教师的职业发展提供有针对性的指导和支持。

第五章 高等教育的学生管理研究

随着高等教育的普及和深入发展,学生管理作为高等教育的重要组成部分,越来越受到关注和重视。学生管理不仅关系到学生的个人成长和发展,也影响着整个高等教育的质量和未来。因此,对高等教育的学生管理进行深入研究,具有十分重要的意义。

第一节 大学生的适应管理

一、适应概述

(一)适应的概念

适应是指一个人面对环境和变化的能力和素质,以及在新的环境和情境中运用自身的技能、知识、经验等资源来适应、习惯和改进的能力。适应是一个连续的过程,它包括对新的环境和情境的认知、对自身的反思、对资源和行为的调整、对挑战和压力的应对以及对其自身适应能力的提高等。

适应是一个人不断学习和成长的过程,它需要人们具备自我认知、反思、计划、执行和调整的能力。适应不仅是一个人的生存之本,也是一个人实现自我价值和发展所必须具备的素质。适应能力强的人往往能够在新的环境中更快地适应、更好地发挥自己的能力和潜力,更容易获得成功和幸福。

第五章　高等教育的学生管理研究

（二）适应的心理过程

适应的心理过程包括多个方面，需要、动机、压力和反应是其中的重要组成部分。

1. 需要

个体在适应过程中会受到各种需要的影响，需要可以激发个体的行为和情感体验，促进个体的适应过程。

2. 动机

个体在适应过程中会受到各种动机的影响，例如对安全的需要、对自我提升的追求等。动机可以激发个体的行为和情感体验，促进个体的适应过程。

3. 压力

个体在适应过程中可能会受到各种压力的影响，例如环境压力、人际压力、心理压力等。压力会对个体的身体和心理健康产生影响，需要采取相应的应对策略来减轻压力的影响。

4. 反应

个体在适应过程中可能会经历各种反应，例如焦虑、恐惧、紧张、沮丧、兴奋等。这些反应会影响个体的适应方式和程度，需要采取相应的应对策略来减轻反应的影响。

这些过程相互作用，共同影响着个体的适应过程。了解这些过程的特点和规律可以帮助个体更好地适应环境变化，促进个体的成长和发展。

二、大学生常见的适应问题

大学生常见的适应问题是一个非常重要的话题,因为它直接影响着大学生的身心健康和学业发展。适应问题可能因人而异,但以下几个方面是许多大学生普遍面临的问题。

(一)生活方面的不适应

大学生活与高中生活存在很大差异,学生离开了家庭,开始独立处理生活中的各种事务。这种变化可能导致一些学生感到困惑和无助。具体而言,可能存在以下几个方面的不适应。

1. 时间管理

大学课程通常比高中更加灵活,没有固定的作息时间,这使得一些学生感到时间不够用,或者无法合理安排自己的时间。他们可能无法有效地平衡学习、娱乐和休息时间,导致生活节奏混乱。

2. 独立生活

在大学之前,许多学生可能没有独立生活的经验,也不善于处理日常生活中的琐事,如购物、洗衣、打扫卫生等,因此可能无法适应这种变化。

3. 饮食习惯

大学校园内外的饮食选择可能与家乡有所不同,一些学生可能对新的食物和口味不适应,从而加重了不适应新环境的感受,对学习和生活带来消极影响。

(二)自然环境方面的不适应

大学通常设在城市或郊区,与家乡的自然环境有所不同。这种变化可能导致一些学生出现身体上和心理上的不适。

1. 气候变化

大学所在地的气候可能与家乡不同,如温度、湿度、降雨量等。一些学生可能对新的气候条件不适应,出现皮肤问题、感冒、过敏等健康问题。

2. 人文环境

大学所在地的人文环境可能不同于家乡,如生活习惯、风土人情等。一些学生可能对新的环境感到陌生和不安,需要一段时间来适应。

(三)生活环境方面的不适应

大学校园内和周边环境的变化可能使学生感到陌生和不安。

1. 人际关系

大学宿舍生活需要处理与室友之间的关系。由于不同的文化背景和生活习惯,一些学生可能难以与室友建立良好的关系,出现人际关系紧张的情况。他们需要学习如何与不同性格和生活习惯的人相处,建立互相尊重和支持的关系。

2. 社交圈子

进入大学后,学生需要建立新的社交圈子。对于一些学生来说,这可能是一项挑战,因为他们可能需要扩展自己的兴趣爱好和结交新朋友。建立新的社交圈子可能需要一定的时间和努力,但也有助于学生发展自己的个性和兴趣爱好。

3. 校园文化

每个大学都有自己独特的校园文化和学习氛围。一些学生可能对新的校园文化感到陌生或无法融入其中,这可能会影响他们的归属感和自信心。了解和适应校园文化对于学生的成长和发展非常重要,也有助于他们更好地融入大学生活。

(四)生活技能方面的不适应

新生在上大学之前,大多数都过着一种"饭来张口、衣来伸手"的生活,这种生活方式往往导致他们的生活技能普遍欠缺。进入大学后,他们需要独立处理生活中的各种事务,这使得一些学生感到困惑和无助。为了更好地适应大学生活,新生需要掌握一些基本的生活技能和自理能力。

第一,自我管理和独立思考是大学生活中非常重要的能力。在大学里,学生需要自己安排时间、解决问题和参与各种活动。因此,新生需要学会如何管理自己的时间和任务,合理安排学习和娱乐时间,并且培养独立思考和自主决策的能力。

第二,生活技能也是新生需要掌握的重要方面。自己动手打扫卫生、洗衣服、购物等都是生活中必不可少的技能。这些看似简单的任务,对于一些新生来说可能是生活挑战。因此,新生需要积极学习这些技能,逐步提高自己的自理能力。

第三,财务管理也是大学生活中必不可少的一部分。学生需要自己负责管理生活费用和预算,这包括支付学费、生活费、娱乐费等各方面的开支。新生需要了解如何合理规划预算、如何节约开支以及如何储蓄等方面的知识,以便更好地管理自己的经济状况。

总之,为了更好地适应大学生活,新生需要掌握基本的生活技能和自理能力,学会自我管理和独立思考,并具备一定的财务管理能力。这些技能和能力的掌握将有助于新生更好地融入大学生活,提高自己的生活品质和学习效果。

三、大学生适应问题的管理策略

(一)正确认识自我

正确认识自我是大学生适应问题的重要管理策略之一。在大学生活中,学生面临着诸多适应问题,而正确认识自我可以帮助他们更好地应对这些挑战。

首先,正确认识自我有助于大学生明确自己的目标和定位。在进入大学之前,学生可能对自己的未来和职业规划缺乏清晰的认识。通过认真思考自己的兴趣、特长和价值观,大学生可以更好地确定自己的发展方向,从而更有针对性地学习和实践。这样不仅可以提高他们的学习效果,还有助于他们在未来的职业竞争中脱颖而出。

其次,正确认识自我有助于大学生建立自信和应对挑战。在大学生活中,学生不可避免地会遇到各种困难和挑战,如学业压力、人际关系问题等。通过深入了解自己的优点和长处,大学生可以更好地认识自己的价值和能力,从而更有信心地面对各种挑战。自信心的建立有助于大学生克服困难、不断进步,从而更好地融入大学生活。

再次,正确认识自我有助于大学生建立健康的人际关系。在大学宿舍生活和校园社交活动中,学生需要学习和适应与不同性格和不同生活习惯的人相处。通过了解自己的沟通风格和需求,大学生可以更好地与他人相处,建立和谐的人际关系。这不仅可以减少宿舍矛盾和人际冲突,还有助于大学生拓展社交圈子和建立良好的人际关系。

最后,正确认识自我有助于大学生的心理适应和情绪调节。大学生在适应新的环境和人际关系时,容易出现焦虑、抑郁等心理问题。通过深入了解自己的情绪特点和发展需要,大学生可以更好地管理自己的情绪,积极应对各种心理挑战。心理适应能力的提高有助于大学生保持身心健康,更好地融入大学生活。

(二)积极认识主客观环境

积极认识主客观环境是高校学生适应管理的重要策略之一。要适应大学生活,学生不仅需要掌握基本的生活技能和自理能力,还需要对主客观环境有清晰的认识,并积极适应这些环境。以下是一些有助于高校学生积极认识主客观环境的策略。

1.认识主观环境

高校学生需要认真审视自己的内在状态,包括兴趣爱好、性格特点、价值观和情感需求等。通过深入了解自己的喜好、情感和期望，学生可以更好地规划自己的学习和生活，少走弯路。同时，认识主观环境还有助于学生建立自信心，更好地应对各种挑战和困难。

2. 了解客观环境

大学生活中充满了各种主客观环境的挑战，如学习压力、人际关系、就业竞争等。为了更好地应对这些挑战，学生需要了解自己所处的环境和情境，包括校园文化、学科特点、社会需求等。通过了解客观环境，学生可以更好地制订适应策略，有效地应对各种适应问题。

3. 积极适应环境

大学生活中不可避免地会遇到各种变化和挑战，学生需要积极调整自己的心态和行为，以适应这些变化。适应环境不仅有助于提高学生的学习效果和生活质量，还有助于培养学生的适应能力和心理韧性。通过积极适应环境，学生可以更好地应对未来的挑战和变化。

4. 建立支持系统

学生在适应大学生活的过程中，可能会遇到各种困难和挑战，需要寻求他人的支持和帮助。建立支持系统可以为学生提供情感支持和实质性的帮助，帮助他们克服困难、解决问题。支持系统可以包括同学、老师、家长等校内外的资源，也可以是学生组织或专业人士的支持和帮助。

(三)学会主动学习和自学

主动学习以及自学是高校学生适应管理的重要策略之一，也是学生获得持续发展和终身学习能力的关键。在大学学习中，主动学习和自学能力的培养显得尤为重要，因为大学的教学方式和学习环境与中学有很大的不同。

首先，学生需要认识到主动学习的重要性。在大学里，教师不再像中学那样时刻督促和指导学生的学习,学生需要自己负责自己的学习。因此,学生应该转变学习观念,从被动接受知识变为主动求知,积极寻找学习的动力和兴趣。只有真正认识到学习的重要性,才能更好地进行主动学习。

其次,学生需要培养自学能力。大学学习内容广泛,课程设置灵活,学生需要具备较高的自学能力才能更好地掌握知识。自学能力的培养需要学生在学习中积极探索、独立思考、发现问题并解决问题。学生可以通过阅读教材、参考书籍、网络资源等方式获取知识,并逐渐形成自己的学习方法和知识体系。

再次,学生需要积极参与课堂讨论和课外学习小组。课堂讨论和课外学习小组是学生学习和交流的重要平台,通过与同学和老师的交流,学生可以扩展知识面、深化对知识的理解,同时也可以提高自己的表达和沟通能力。积极参与课堂讨论和课外学习小组可以帮助学生更好地适应大学学习环境,提高学习效果。

最后,学生需要学会时间管理和计划安排。大学学习生活节奏快,学生需要合理安排时间,制订学习计划,确保每个课程的学习都能够得到充分的时间和精力。时间管理和计划安排的能力是学生适应大学生活的重要能力之一,也是学生提高学习效率和生活质量的关键。

(四)建立和谐人际关系

建立和谐人际关系是大学生要掌握的一项重要能力之一,也是大学生活的重要组成部分。大学生可以从以下几个方面建立和谐的人际关系。

1. 大学生应该学会尊重他人

尊重他人的价值观、习惯和兴趣,是建立良好人际关系的基础和前提。在大学生活中,大学生应该尽可能地了解室友、同学、老师等人的价值观、习惯和兴趣,并在交往中给予尊重和理解。例如,对于喜欢运动的同学,可以一起参加运动会、健身等方式来增进友谊;对于喜欢文艺的同学,可以一起看电影、听音乐等方式来增强互相的了解和沟通。同时,在发生冲突或矛盾时,也应该以理性和包容的态度来处理,避免互相攻击和伤害。通过尊重他人的价值观、习惯和兴趣,可以建立良好的人际关系,增强人际关系的和谐度和稳定性,提高大学生活的质量和价值。

2. 大学生应该学会沟通技巧

第一,要善于倾听。倾听他人的意见和观点,可以显示自己的尊重和关注,增强彼此的信任感。在倾听时,要注意对方的语气和表情,理解对方的意图和情感。

第二,要善于表达。在沟通中,要清晰、简明地表达自己的想法和感受,避免使用模糊、含糊的语言。同时,要注意语气和语调,避免过于激动或攻击性。

第三,要注意沟通场合。在不同的场合下,需要使用不同的沟通技巧。在公共场合,需要更加注意语气和措辞,避免影响他人;在私人场合,则可以更加自由地表达自己的想法和感受。

第四,要善于解决冲突。在人际交往中,难免会发生一些矛盾和冲突,大学生需要使用合适的解决方式来处理。要学会理解对方的立场和感受,寻找共同的解决方案。

3. 大学生应该积极参加社交活动

参加校内外的社交活动,是大学生结交朋友、扩大人际关系圈、增强人际交往能力的重要途径之一。通过参加各种社团、组织、义工活动等,可以与更多的人接触和交流,提高自己的沟通能力和社交技巧。同时,也可以结交志同道合的朋友,增强自己的社交支持和归属感。

(五)培养良好的生活方式

1. 形成良好的卫生习惯

时代赋予了高校学生新的时代使命,对高校学生提出了更高的素质要求,当然也包括良好的卫生习惯的要求。良好的卫生习惯不仅有助于保护个人健康,也有助于防止疾病的传播和保障公共卫生安全。因此,高校学生应该注重养成良好的卫生习惯,包括经常洗手、保持个人卫生、避免接触传染病等。同时,高校也应该加强对学生卫生习惯的教育和引导,提高学生的卫生意识和行为水平。

2. 健康饮食

高校学生应该注重健康饮食,包括合理搭配食物、控制食量、减少垃圾食品和饮料的摄入等。合理的饮食习惯不仅可以维持身体健康,还有助于提高学习效率。

3. 适度运动

高校学生应该积极参与体育运动,保持良好的运动习惯。运动可以增强学生的心肺功能、肌肉力量和骨骼密度,同时还有助于调节体内代谢和免疫系统。此外,运动还可以促进他们神经系统的发育,提高学生的学习和工作效率。

此外,高校学生应该注意适度的运动量和运动强度。不同的个体有着不同的身体状况和健康水平,过度的运动会导致身体损伤和疲劳,进而影响学习和生活。因此,高校学生应该根据自己的实际情况,选择适合自己的运动量和运动强度,并逐步提高。

4. 规律作息

按时睡觉、定时起床、避免熬夜可以帮助高校学生保持充沛的精力和学习状态,提高学习效率和生活质量。

此外,高校学生还应该培养一些有益于身心健康的生活习惯,如定期锻炼、读书学习、保持良好的卫生习惯等。这些习惯不仅可以提高学生的身体素质和免疫力,还可以培养健康的生活态度和价值观。

第二节 大学生的学习管理

一、学习概述

(一)学习的概念

学习是指通过一定的方式和途径,获得知识和技能的过程,是人们生存和发展的必要手段。学习不仅是指在学校中的学习和考试,更是指一个人在生活中的经验积累。学习是一个持续不断的过程,它需要不断地探索、尝试、实践和反思,以不断地提高自己的能力和素质,适应不断变化的社会和环境。

(二)学习的类型

根据不同的分类标准,学习可以分为不同的类型。

1. 根据学习目标进行分类

根据学习目标进行分类,学习可以分为知识学习、技能学习和社会规范学习。

知识学习是指学习者掌握新的事实和信息的过程,这些事实和信息被编码成各种符号形式,如语言、文字、图像等。知识学习的目的在于增加个体的知识存储和信息处理能力。

技能学习是指学习者掌握新技能的过程,这些技能包括身体技能、认知技能和行为技能等。技能学习的目的在于提高个体的操作能力和行为表现。

社会规范学习是指学习者掌握社会规范和价值观念的过程,这些规范和价值观念被内化为个体的态度和行为准则。社会规范学习的目的在于提高个体的社会适应能力和道德水平。

2.根据学习水平进行分类

根据学习水平进行分类,学习可以分为感觉、知觉、记忆、思维和想象等不同层次和水平。

感觉是指学习者的感觉器官感知外部刺激的过程,如视觉、听觉、触觉等。

知觉是指学习者对感觉信息进行组织和解释的过程,如对物体的形状、颜色、空间位置等特性的感知和理解。

记忆是指学习者将感知到的信息存储在大脑中,并在需要时提取出来的过程,包括感觉记忆、短时记忆和长时记忆等。

思维是指学习者运用已有的知识和经验,通过推理、判断、概括和解决问题等过程来获取新知识、解决问题和进行决策的能力。

想象是指学习者在头脑中创造出新的形象和情境,以帮助理解和探索问题,如阅读、创作和角色扮演等过程。

3.根据学习方式进行分类

根据学习方式进行分类,学习可以分为接受学习和发现学习、机械学习和意义学习等。

接受学习是指学习者通过教师的讲解、演示、阅读等指导方式来获取知识的学习过程。接受学习强调学习者的接受和记忆,注重知识量的积累和提高。

发现学习是指学习者通过自身探索和发现来获取知识的学习过程。发现学习强调学习者的探究和发现能力,注重知识质的变化和提高。

机械学习是指学习者通过反复练习和记忆来掌握技能的学习过程。机械学习强调学习者的记忆和熟练程度,注重技能量的提高。

意义学习是指学习者通过理解知识内在联系和意义来掌握技能的学习过程。意义学习强调学习者的理解和运用能力,注重技能质的变化和提高。

二、大学生常见的学习问题

(一)学习动机不当

学习动机不当是影响学习效果的重要因素之一,它通常表现为两种情况:学习动机不足和学习动机过强。

学习动机不足是指个体缺乏明确的学习目标和动力,对学习持消极态度,缺乏积极性和主动性。这种情况下,个体往往表现出缺乏学习热情和兴趣,不愿意投入时间和精力去学习,导致学习效果不佳。例如,有些学生因为缺乏学习动机而经常有拖延交作业、逃课或者在课堂上无精打采的现象。

学习动机过强则是指个体对学习的期望值过高,过分追求完美和成绩,导致学习压力过大,影响学习效果。这种情况下,个体往往表现出焦虑、紧张、过度努力等负面情绪和行为。例如,有些学生为了追求高分而过度投入学习,导致身心疲惫,甚至产生学习恐惧症等问题。

这两种情况都会对学习产生负面影响。学习动机不足会导致学习效果不佳,影响个体的职业和个人发展;学习动机过强则会导致学习压力过大,产生焦虑、恐惧等负面情绪,甚至导致心理问题。因此,合理调整学习动机是提高学习效果的关键。

(二)学习疲劳

学习疲劳是指人们在学习过程中,由于长时间或高强度的学习活动,导致个体学习效率降低、注意力不集中、记忆力下降、身心疲乏等症状的现象。这种现象在学习过程中是常见的,但也是可以预防和缓解的。导致学习疲劳的原因有以下几个方面。

第一,长时间的学习会导致大脑和身体的疲劳,引发注意力不集中、记忆力下降等问题。当大脑和身体长时间处于紧张状态时,会消耗大量的能量和氧气,导致大脑和身体器官的疲劳,从而影响学习效率和身心健康。

第二,学习压力过大、焦虑和紧张等心理因素也会导致学习疲劳。

这些心理因素会干扰大脑的正常思维活动,使注意力难以集中,降低学习效果。过度的压力和焦虑还可能导致失眠、头痛、胃痛等身体症状,进一步影响学习状态。

第三,不健康的生活习惯,如缺乏睡眠、饮食不规律、缺乏运动等也会影响学习效率和身心健康。这些习惯会导致身体能量不足、精神状态不佳、身体虚弱等问题,从而影响学习效率和效果。

(三)厌学心理

厌学心理是大学生常见的学习问题之一,主要表现为学生对学习缺乏兴趣和动力,感到厌烦和无聊,经常逃课、旷课、不完成作业等。以下是一些可能导致大学生厌学心理的原因。

1. 学习压力过大

大学生面临着来自学业本身而非外部世界的压力,如考试、写论文、实习等的压力,这可能导致学生产生厌学心理。

2. 缺乏学习动力和兴趣

一些大学生对自己的专业不感兴趣或者认为学习没有意义,这可能导致他们失去学习的动力和兴趣,进而产生厌学心理。

3. 社交和情感问题

大学生面临着社交和情感方面的问题,如人际关系紧张、情感困扰等,这些问题可能会分散他们的注意力,影响他们的学习状态,进而产生厌学心理。

4. 学业目标不明确

一些大学生对自己的学业目标不明确,不知道自己要学什么、该怎么学,这可能导致他们缺乏学习的方向和动力,进而产生厌学心理。

5.学习环境和氛围不佳

一些大学生在学习环境和氛围不佳的情况下学习,如教室不安静、图书馆座位紧张等,这可能导致他们学习效率低下,进而产生厌学心理。

(四)学习焦虑

学习焦虑是指在学习的过程中产生的一种焦虑症状,常常表现为紧张不安、担忧、恐惧等情绪。学习焦虑通常是一种心理障碍,可能会对学生的身心健康和学习效果产生负面影响。

当学生在学习过程中面临压力和不确定性时,他们可能会感到焦虑和不安。这种压力可能来自学业本身,如考试、作业、成绩等,也可能来自外部因素,如家庭、社交圈子的期望等。随着时间的推移,这种焦虑症状可能会逐渐加重,对学生的身心健康和学习效果产生负面影响。

学习焦虑可能导致学生出现一系列身体和心理症状,如头痛、胃痛、失眠、注意力不集中、记忆力下降等。这些症状可能会影响学生的学习效果和自信心,使他们难以充分发挥自己的潜力。

三、大学生学习问题的管理策略

(一)培养自己的兴趣

培养自己的兴趣是高校学生学习管理的策略之一,因为兴趣能够激发学生的学习动力和热情,使他们更加主动地学习,提高学习效果。

在高校学习中,学生需要面对大量的课程和知识,如果没有兴趣的支持,学习可能会变得枯燥无味,甚至导致学习焦虑和厌学心理。因此,培养自己的兴趣,将学习与兴趣相结合,可以使学生更加愉快地学习,从而提高学习效率。

为了培养自己的兴趣,学生可以考虑以下几个方面。

第五章 高等教育的学生管理研究

1. 发掘自己的兴趣爱好

在课余时间,学生可以尝试不同的活动和课程,发掘自己的兴趣爱好。例如,参加社团活动、参加讲座、尝试不同的运动等。这些活动可以让学生更好地了解自己的兴趣爱好,并为其未来的职业规划提供参考。

2. 将兴趣与学习相结合

如果学生对某一门课程有浓厚的兴趣,可以尝试将其与学习相结合。例如,如果学生对心理学感兴趣,可以将心理学知识运用到学习中,加深对课程的理解和掌握。这样不仅可以提高学习效果,还可以进一步增强对心理学的兴趣。

3. 寻找学习中的乐趣

即使学生对某一门课程没有浓厚的兴趣,也可以尝试在其中寻找乐趣。例如,通过与同学一起学习、参加学习小组、寻找有趣的案例等方式,让学生感到学习是有趣的,提高学习的积极性和主动性。

4. 培养多元化的兴趣

学生可以尝试培养多元化的兴趣,不仅限于课程学习。例如,音乐、绘画、摄影、旅游等,这些兴趣可以让学生更加全面地发展自己,提高综合素质。

(二)确立明确的奋斗目标

确立明确的奋斗目标是高校学生学习管理的重要策略之一。目标是学生努力的方向,具有指导、激励和评价的作用。一个明确的奋斗目标可以帮助学生更好地规划自己的学习,提高学习效果。

第一,确立明确的奋斗目标有助于学生更好地规划学习。学生可以根据自己的目标制订学习计划,合理安排时间,分配精力。有目标的学习能够让学生更加有目的地去学习,提高学习效率。

第二,明确的奋斗目标可以激励学生努力学习。当学生有了明确的目标后,会更加清晰地认识到自己为什么要学习,从而增强学习的动力。同时,在实现目标的过程中,学生会遇到各种困难和挑战,通过克服这些困难,学生的意志力和毅力可以得到锻炼和提升。

第三,确立明确的奋斗目标还有助于学生自我评价和反思。当学生达到一个目标后,可以对自己的学习过程进行反思和总结,找出自己的不足和需要改进的地方。这样,学生可以不断完善自己的学习方法,提高学习效果。

为了更好地确立明确的奋斗目标,学生可以考虑以下几个方面。

1. 结合自己的兴趣和特长

学生可以根据自己的兴趣和特长制订目标,这样能够更好地激发学习的动力和热情。例如,如果学生对计算机科学感兴趣,可以将成为一名优秀的软件工程师作为自己的目标。

2. 制订具体可行的计划

学生应该制订具体可行的计划,将大目标分解成小目标,逐步实现。例如,如果学生的目标是获得优异的学习成绩,可以制订每天的学习计划,合理安排时间,完成学习任务。

3. 及时调整和更新目标

随着学习的深入和环境的变化,学生应该及时调整和更新自己的目标。例如,如果学生在学习中发现了新的兴趣点,可以调整自己的目标,进一步深入学习和探索。

4. 与他人分享和交流

学生可以与他人分享和交流自己的目标和计划,获得他人的支持和建议。例如,参加学习小组、参加讲座、与老师和同学交流等。与他人分享自己的目标和计划,能够让自己更加坚定地朝着目标前进。

(三)科学运筹时间

科学运筹时间是高校学生学习管理的重要策略之一,因为时间管理对于学生的学习效果和效率具有至关重要的影响。

在高校,学生需要面对大量的课程、作业和课外活动,时间相对紧张。如果学生没有科学合理地运用时间,可能会导致时间分配不均、学习效率低下,甚至产生焦虑和压力等问题。因此,科学管理时间对于学生的学习管理至关重要。

为了科学管理时间,学生可以考虑以下几个方面。

1. 优先处理重要任务

学生应该根据任务的紧急程度和重要性,合理安排任务的先后顺序。优先处理重要和紧急的任务,避免拖延和压力的产生。

2. 充分利用碎片时间

学生在学习中会遇到许多碎片时间,如等公交、地铁等。学生可以利用这些时间进行短时间的复习、阅读或者处理一些小任务,提高时间利用效率。

3. 培养专注力和毅力

学生应该培养自己的专注力和毅力,避免在学习过程中分心、中断或者拖延。同时,可以采取一些技巧,如番茄工作法、时间分割法等,帮助自己保持专注。

4. 劳逸结合

学生应该注意在学习过程中适当休息和放松,避免长时间连续学习而导致疲劳和效率下降。适当的休息有助于恢复体力和精力,提高学习效率。

5. 学会说"不"

学生应该学会合理拒绝一些不必要的活动或者任务,避免时间和精力的浪费。有时候,适当的放弃也是为了更好地集中精力完成重要任务。

6. 定期反思和调整

学生应该定期对自己的学习计划和时间管理进行反思和调整。根据学习进度和实际情况,对计划进行适当的调整,不断完善自己的时间管理技巧。

(四)培养应试能力

在高校中,考试作为评估学生学习效果的一种常见方式,对学生的学业发展和未来的就业都至关重要。因此,培养应试能力成为高校学生学习管理的重要策略之一。

应试能力不仅指应对考试的能力,更涵盖了一系列与考试相关的综合能力,包括知识储备、答题技巧、时间管理、心态调整等多个方面。这些能力对于学生在考试中取得优异成绩、提升自我信心以及培养良好的学习习惯都具有积极的影响。

为了培养应试能力,学生可以从以下几个方面着手。

1. 巩固基础知识

无论是哪种类型的考试,扎实的基础知识都是取得好成绩的关键。学生应该注重平时的学习积累,认真听讲、积极参与课堂讨论、及时复习巩固,确保对知识点有深入的理解和掌握。

2. 掌握答题技巧

不同的考试有不同的题型和难度,学生需要掌握相应的答题技巧。

例如,对于选择题和填空题,要注意题目的细节和关键词;对于论述题和简答题,要善于概括和组织语言,条理清晰地表达观点。

3. 模拟考试与反思

模拟考试是提高学生应试能力的有效途径。通过模拟考试,学生可以了解自己的答题速度、时间分配以及可能存在的问题,进而进行有针对性的改进。同时,要重视模拟考试后的反思与总结,找出自己的不足并加以改进。

4. 调整心态

考试不仅是知识的较量,更是心态的比拼。学生在考试前要保持良好的心态,不过度紧张也不过于放松,保持适度的焦虑水平有助于提高学习效率。同时,要学会进行积极的心理暗示和情绪调节,保持稳定的心态应对考试。

5. 合理规划时间

在考试准备过程中,学生要合理规划时间,既要保证充足的学习时间,也要留出适当的休息和放松时间。长时间的高强度学习会导致疲劳和效率下降,合理的时间安排有助于提高学习效率。

6. 制订备考计划

制订详细的备考计划有助于学生更有针对性地进行复习和准备。备考计划应该包括每个科目的学习内容、复习时间、做题量等,帮助学生有条不紊地进行复习和备考。

7. 积极参与学习小组

参加学习小组可以让学生与他人交流学习心得、分享备考经验,同时也可以互相监督和鼓励。通过与他人的交流和学习,学生可以发现自己的不足并借鉴他人的优点,从而进一步提高自己的应试能力。

第三节 大学生的人际交往管理

一、人际交往概述

(一)人际交往的概念

人际交往是指个体通过一定的语言、文字或肢体动作、表情等表达手段将某种信息传递给其他个体的过程。人际交往可以满足个体对友谊、爱情、归属感等的需要,也是个体认识自我、发展自我以及与他人沟通的重要途径。

(二)人际交往的功能

人际交往是人类社会中不可缺少的组成部分,具有重要的功能,概括来说,人际交往的功能主要包括以下几方面。

1. 情感功能

人们可以通过与他人交流来表达自己的情感和感受,以获得他人的支持和安慰。这种方式可以让人们更加坦诚地表达自己的情感,让他人了解自己的内心世界,建立更加亲密的人际关系。

2. 信息功能

人际交往是获取信息的重要途径,人们可以通过与他人交流获取各种信息,如知识、经验、观点、思想、价值观等。人际交往不仅可以传递信息,还可以表达情感、增加乐趣,维持社会关系,促进社会的和谐与稳定。

3. 价值功能

人际交往是传递价值观的重要途径,人们可以通过与他人交流来传递自己的价值观,同时接受他人的价值观。通过交往来传递价值观,可以让人们更加开放地接受不同的价值观,形成更加丰富的价值观体系。

4. 社会功能

人际交往是社会的重要组成部分,人们可以通过交往来维持社会关系,促进社会和谐与稳定。在人际交往中,人们可以建立和维护社会网络,加强彼此之间的联系和互相支持,增强社会凝聚力和归属感。所以说,社会功能是人际交往的一个重要功能之一。

5. 娱乐功能

人际交往确实具有一定的娱乐功能。在人际交往中,人们可以分享彼此的快乐,增进彼此之间的感情,享受彼此的陪伴。这种方式可以让人们更加开心地度过时光,满足人们的社交需求,同时还可以减轻压力,增强乐观向上的情绪,促进人们的心理健康。因此,人际交往具有重要的娱乐功能,是人们生活中不可或缺的一部分。

二、大学生常见的人际交往问题

(一)注重横向交往,忽视纵向交往

"横向交往"通常指的是在同一层级或同一群体中进行的交往,这种交往关系是平等的,没有明显的等级或权力关系,例如:朋友之间的交往、同事之间的交往、邻里之间的交往等。这种交往方式比较注重相互之间的信息交换、资源共享、合作与互助等。"纵向交往"则指的是在不同层级或不同群体之间进行的交往,这种交往关系存在着明显的等级或权力关系,例如:上下级之间的交往、长辈与晚辈之间的交往、师生之间的交往等。这种交往方式比较注重等级或权力关系,遵循着一定的规则和程序。

在社会学中,"横向交往"和"纵向交往"并不是绝对的,有时候两者之间也会发生交叉和互动。此外,不同的文化和社会背景下,"横向交往"和"纵向交往"的重要性和价值观也可能存在差异。

在大学里,学生面临着更多的人际关系考验,包括室友、同学、老师、社团等,他们需要平衡好不同人际关系之间的优先级,避免出现偏差。一方面,大学生需要与同学、老师和社团成员等横向联系,建立良好的合作关系,获得更多的资源和支持。另一方面,他们也需要与长辈、领导等纵向交往,学习更多的知识和经验,提升自己的能力和素质。然而,一些大学生可能过于注重横向交往,忽略了纵向交往的重要性,导致缺乏深度的人际关系和缺乏有效的指导。这可能会影响他们的职业发展、学术研究和人生成长。因此,大学生应该积极拓展人际关系,在横向和纵向之间保持平衡,从而更好地应对各种挑战和机遇。

(二)交往中的哥们义气较重

哥们义气较重是大学生容易出现的人际交往问题之一,这种情感纽带可能会对大学生的正常人际交往产生负面影响。在大学生活中,一些学生因为哥们义气而彼此间形成了较为紧密的关系,但过度依赖这种情感纽带可能导致一些问题。

首先,哥们义气可能导致对人对事的客观评价和判断产生偏差。在哥们义气的作用下,人们往往更倾向于以个人感情而非客观事实为依据来评价和判断事物。这样一来,一些学生在处理人际关系或解决问题时,可能会忽略事实和道理,仅凭感情作出决策。

其次,哥们义气可能导致偏袒现象的出现。当涉及朋友之间的利益冲突时,一些学生可能会因为哥们义气而偏袒自己的朋友,而不是公正地对待每个人。这种偏袒不仅有悖于公平原则,而且可能损害其他人的权益,进而影响整个群体的和谐与稳定。

最后,哥们义气还可能导致钩心斗角、过度竞争等不良行为的出现。在某些情况下,学生之间可能会因为哥们义气而产生不必要的纷争和矛盾。这些纷争和矛盾可能会导致人际关系的紧张,甚至影响到整个群体的和谐氛围。同时,由于哥们义气的存在,一些学生可能会过度关注个人利益,而忽略了团队合作和共同发展的重要性。

(三)交往恐惧

在大学这个充满机遇和挑战的环境中,学生面临着各种各样的人际交往机会。课堂讨论、实验小组、社团活动等,都为学生提供了展示自我、交流思想和建立人际关系的平台。然而,对于某些学生来说,这些机会却成为他们面临的一大挑战。

交往恐惧,也称为社交恐惧,是许多大学生面临的困境之一。其表现形式多样,包括害怕与陌生人交流、回避社交活动、不敢表达自己的观点和想法等。对于这些学生来说,与人交往成了一件令他们感到尴尬和不安的事情。

这种恐惧可能会对大学生的正常学习和生活产生负面影响。例如,由于害怕在课堂上发言,学生可能会错过与他人分享观点、学习新知识以及培养批判性思维的机会。在实验小组中,不敢表达自己的想法和问题可能会导致学习效果的降低,甚至影响整个团队的协作。而在社团活动中,回避社交活动可能会使学生错过结交新朋友和拓展人际关系的机会。

交往恐惧的原因是多方面的。一些学生可能因为内心的不安和自我怀疑而害怕与人交往。他们可能担心自己的表现不够好,或者害怕被他人评价和嘲笑。此外,大学生面临的压力和不确定感也可能加剧这种恐惧。例如,他们可能担心自己的学业成绩、人际关系以及未来的就业前景。

(四)情感因素导致交往障碍

在大学的人际交往中,年轻人容易受到情感因素的影响,这是由于他们正处于情感丰富、易冲动的年龄阶段。在一起玩耍、吃饭等表面上的行为很容易影响他们对一个人的看法,有时候甚至会导致他们对一个人的评价产生偏差。

由于年轻人的社会经验和认知能力有限,他们往往缺乏全面的认识，过于看重某些方面的表现，而忽略了人的综合素质。例如，一些学生可能只关注他人的外表、成绩或者某些特殊技能，而忽略了人的品格、情感和人际交往能力等方面的表现。

这种片面的认知方式容易导致在人际交往中产生各种障碍。例如，偏见和歧视可能使他们对某些人产生不公正的评价，导致不友善的态度和行为。而误解则可能使他们错解他人的意图和行为，进一步加剧人际关系的紧张和矛盾。

三、大学生人际交往问题的管理策略

（一）培养成功交往的心理品质

1. 自信

自信的人通常会给自己积极的心理暗示，认可自己的交往能力和魅力，这种积极的心理暗示有助于增强自信，进一步提升个体的吸引力，从而赢得他人的喜欢和尊重。自信的建立需要时间和努力，可以从两方面入手。

第一，要具有一定的自我认知能力，了解自己的优点和不足，正视自己的缺陷并努力改进。

第二，要积累经验，多参与社交活动和公开演讲等，提高自己的社交能力和表达能力。

2. 真诚

真诚是一种非常宝贵的品质，它不仅能够帮助我们建立和维护良好的人际关系，还能够让我们自己感到更加真实、自信和坚定。真诚的基础在于诚实和透明，即真实地表达自己的想法、感受和需求。在交流中，真诚的人能够倾听他人的意见和感受，并尊重他们的观点。同时，真诚的人也会主动沟通，表达自己的想法和需求，从而建立更加坦诚和开放的关系。

3. 幽默

幽默在人际交往中的作用确实非常重要,它能够缓解紧张气氛,让人们放松身心,更容易进行交流和沟通,从而增进彼此之间的感情。同时,幽默还可以激发人们的思考和创造力,提高人们的生活品质和幸福感。

4. 克制

克制能力是在人际交往中非常重要的技能之一,可以帮助我们更好地控制自己的情绪和行为,从而避免不必要的冲突和后果。但是,我们不能一概而论地提倡无条件地克制自己,因为这可能会对我们的身心健康和人际交往产生负面影响。相反,我们应该在维护正义和大众利益的前提下,学会合理地表达自己的观点和情感,同时保持冷静和宽容忍让的态度。

(二)掌握科学的交往艺术

1. 树立良好形象

在初次交往中,第一印象对于人际关系的建立至关重要。一个良好的第一印象能够为后续的交往奠定良好的基础,而一个不良的第一印象则可能使对方产生疑虑、担忧或排斥的情绪。因此,大学生在初次交往中应该注重自身的形象塑造,给人留下积极、专业和值得信赖的印象。

大学生应该注意自己的仪表和仪态。整洁的着装、得体的装扮以及自信的姿态都能够展现出个人的专业素养和良好修养。在与人交往时,保持微笑、眼神交流和适当的肢体语言能够增加亲切感和信任感,使人感到舒适和愉快。

大学生还应该注重言谈举止。用词得体、表达清晰、语气友好都能够体现出个人的修养和教育程度。在交往中,要避免使用不恰当的语言或行为,以免给人留下不良印象。同时,要学会倾听对方,给予充分的关注和回应,以建立良好的沟通基础。

此外,大学生还应该注意自身的情绪管理和态度表现。在交往中保持稳定的心态和友好的态度,不要过于紧张或情绪化。要学会控制自己的情绪,避免因个人情绪波动而影响交往效果。同时,要尊重对方的意见和感受,不要轻易质疑或批评他人,以免引起不必要的冲突或误会。

为了塑造良好的形象,大学生还需要注意细节问题。例如,守时、守信、遵守社交礼仪等都是展现个人品质的重要方面。在交往中,要注意观察和适应不同的文化和社交习惯,以避免因文化差异而产生误解或尴尬的局面。

2. 要讲究语言艺术

第一,表达要清晰明了。在交流中,大学生应该注重语言的清晰和简洁。使用简短、直接、易于理解的语言表达自己的观点,避免使用过于复杂或晦涩的词汇和句子。

第二,要学会尊重他人。在与人交往中,大学生应该尊重他人的观点和感受,避免用贬低、指责、嘲讽等语言。如果别人的观点与自己不同,应该尝试理解别人的想法,并尊重别人的选择。

第三,要注意语气和语调。在与人交往中,大学生应该注重交谈时的语气和语调。用友好、热情、冷静的语气交流,避免用消极、抱怨、不满的语气。同时,要注意语速和语调的变化,让语言更加生动有趣。

3. 要有适当的交往尺度

人生交往的适度包括向度、广度、深度和频度。

向度是指交往的范围和领域。在通常情况下,人们应保持相对稳定的交往范围和领域,避免过于多样化或狭窄化。多样化的交往可以开拓视野、丰富人生经验,但易导致泛泛而交、泛泛而谈;狭窄化的交往可能有助于深入某些领域,但易导致视野狭窄、局限性大。

广度是指交往的对象和人数。大学生应保持适当的交往对象和人数,避免过于集中在某些人或过于分散。与众多人交往可以扩大社交圈、获取更多信息和资源,但易导致表面化和浮躁化;与少数人交往可能有利于深入了解、培养感情,但易导致孤独化和封闭性。

第五章　高等教育的学生管理研究

深度是指交往的层次和深度。人们应保持一定程度的交往深度,避免过于肤浅化或过于深奥化。浅层次的交往可能带来表面化的信息和资源,但易导致浪费时间和精力;深层次的交往可能获取长期性和关键性的信息和资源,但易导致难以逾越的障碍和局限性。

频度是指交往的时间和频率。人们应保持适当的时间和频率,避免过于频繁化或过于疏离化。高频度的交往可能加强感情联系、加速信息交流,但易导致精力和时间的耗损;低频度的交往可能保持一定距离感、增加神秘感,但易导致长时间间隔和沟通障碍。

4. 把握对象特点

在人际交往中,把握对象特点是关键能力之一,因为不同的人有不同的性格、兴趣、价值观和行为方式。以下是一些建议。

第一,要观察对方的外在特征和言行举止。通过观察,可以了解对方的个性、情绪状态、兴趣爱好、职业和家庭背景等信息,从而更好地了解对方的特点和需求。

第二,要善于倾听和理解对方的观点和想法。通过倾听,可以深入了解对方的思想、价值观、态度和情感,从而更好地与对方产生共鸣和理解。

第三,要注重自我调整和对方调整,以适应不同的交往对象和情境。通过自我调整,可以更好地适应对方的需求和特点,从而更好地建立关系和沟通;通过对方调整,可以更好地适应自己的需求和特点,从而更好地发挥自己的优势和潜力。

(三)消除先入为主的认知偏差

大学生在进行人际交往时,确实需要消除认知偏差,不能只凭第一印象来认知一个人。

认知偏差是指人们在对他人进行认知时,常常会受到情绪、经验、信仰等因素的影响,而产生偏见或误解。这种认知偏差在人际交往中经常出现,尤其是只凭第一印象来认知一个人时更容易出现。因此,大学生在进行人际交往时,需要从以下几个方面来消除认知偏差。

第一,保持客观态度。在认知他人时,要保持客观态度,不要受到自己情绪、经验、信仰等因素的影响,也不要对他人抱有过高或过低的期望。

第二,多交流沟通。要了解一个人,需要通过多次交流沟通来了解他的思想、行为、兴趣爱好等方面,不能只凭第一印象就下定论。

第三,善于倾听。在交往中,要善于倾听他人的意见和想法,不要打断或是插话,这样可以更好地理解他人的想法和感受。

第四,学会换位思考。要尽量站在对方的角度思考问题,理解他人的想法和立场,这样可以更好地消除认知偏差。

第五,承认自己的认知偏差。在交往中,如果发现自己存在认知偏差,要勇于承认并纠正,不要固执己见或是坚持错误观点。

第四节 大学生的情绪管理

一、情绪概述

(一)情绪的概念

情绪是指个体在面对客观事物时所产生的心理状态和反应,是人们对于客观事物是否符合自身需要、愿望和观点的主观体验。情绪包含了认知、生理和行为三种成分,并且具有肯定和否定的性质。当客观事物或情境符合主体的需要和愿望时,会引起积极的、肯定的情绪和情感;当客观事物或情境不符合主体的需要和愿望时,会引起消极的、否定的情绪和情感。情绪具有重要的作用,它可以帮助人们适应环境、调节行为和提高生活质量。同时,情绪也有其复杂性,包括情绪的分类、情绪的表达和调节等方面的研究。

(二)情绪的功能

情绪的功能主要包括以下几方面。

1. 识别功能

情绪的识别功能是指情绪可以帮助人们识别自己和他人的情感状态和需要。例如,在社交过程中,个体可以通过观察他人的面部表情、语音语调等来判断他人的情感状态和需要。同时,情绪还可以帮助个体识别自己的情感状态和需要,例如在面对挫折时,个体可以通过感受自己的愤怒情绪来识别自己的不满和需要。

2. 动机功能

动机是指推动人进行活动的内部动力,情绪的产生与人的需要和动机有关,例如兴奋、满足等积极情绪可以激励人进行符合自己动机的活动,而恐惧、绝望等消极情绪则会抑制人的行动。因此,情绪是动机的重要来源之一,可以激励人们进行社会交往、探索新事物、解决问题等。

3. 适应功能

情绪的适应功能是指情绪是适应生存和发展的方式,例如有机体在生存和发展过程中,有多种适应方式,如逃跑、攻击、接近等,这些方式均由某种情绪所引发。在日常生活中,情绪还有更多的适应功能,例如传递信息、调节关系、自我防御等。因此,情绪是生物有机体针对环境刺激所产生的一种适应性反应。

4. 组织功能

情绪的组织功能是指情绪可以组织人们的心理和行为资源,使之更加协调和高效。

5. 社会功能

情绪的社会功能是指情绪可以帮助人们进行社会交往和交流。在社交过程中,情绪是重要的交流方式之一,可以传递信息、表达态度、建立关系等。例如,喜悦、同情等积极情绪可以加强人际关系,而愤怒、厌恶等消极情绪则可能会破坏人际关系。此外,情绪还可以帮助人们进行社会适应和道德判断,例如羞耻、愧疚等消极情绪可以帮助人们进行自我约束和道德规范。

二、大学生常见的情绪问题

(一)自负

自负通常是指个体持有过高的自我评价和自我认知,认为自己具备比实际情况更优秀的品质和能力。这种情绪问题在高校学生中并不少见,往往是由于自我期望过高、过分关注自我形象和社交地位、缺乏足够的挫折承受力等因素所引起。

自负的表现形式多样,但通常都伴随着自我夸大、自我中心和缺乏自知之明等特点。自负者往往对自己的能力和价值有过度的高估,认为自己在某些方面或多个方面都是出类拔萃的。他们可能会对自己的成就、能力和魅力等方面做出不切实际的评价,而忽略了自己的不足和缺陷。

自负情绪问题的产生可能与多种因素有关。一方面,当代大学生面临着来自家庭、社会和自我期望等多方面的压力,他们希望在学业、社交和自我实现等方面表现出色,这种期望可能会导致过高的自我评价。另一方面,社交媒体和信息技术的普及使得一些学生过度关注自己的形象和地位,希望在他人面前展现出完美的自己,从而产生过度的自我评价和自负情绪。

(二)狂喜

狂喜是一种强烈的情绪体验,它能够让人们感受到极度的快乐和满足。在高校学生中,这种情绪体验有时也会发生,通常是由某些正面事件或经历所引起的。

当高校学生获得成功时,例如在考试中取得优异成绩、在竞赛中获得胜利或者被心仪的大学录取,他们可能会感到极度的快乐和自豪,这种情绪体验就可能是狂喜。此外,当学生感到被人爱或赞赏时,例如被老师或同学称赞、收到心仪的人的表白或者被重要的他人认同,也可能引发狂喜的情绪。

除了这些正面事件和经历外,某些有趣的或愉快的事情也可能引发狂喜的情绪。例如,参加一次令人兴奋的派对、看一部令人捧腹大笑的电影或者与好友一起旅行,这些活动都可能让学生感受到极度的快乐和满足。

然而,狂喜情绪体验虽然强烈,但并不总是积极的。有时候,这种情绪体验也可能引发一些负面影响,例如过度兴奋、焦虑或者行为冲动等。因此,在享受狂喜情绪的同时,高校学生也需要学会控制自己的情绪,保持平衡和冷静的态度。

(三)抑郁

抑郁是一种常见的情绪问题,通常表现为个体长时间感到情绪低落、消沉、无助、自责、无动力等。这些情绪状态可能会对个体的日常生活、学习和社交活动产生负面影响。在高校学生中,抑郁情绪问题也是一个不可忽视的问题,许多学生在面对学业压力、人际交往、生活困难、职业规划等问题时可能会出现抑郁情绪。

抑郁情绪问题可能导致高校学生出现多种负面症状。首先,他们可能会感到疲惫不堪,缺乏精力和动力,对于原本感兴趣的活动也失去兴趣。这种状况会影响学生的学习效果和成绩,因为他们难以集中精力学习,缺乏自我驱动力。

其次,抑郁情绪问题也可能会影响学生的社交关系。由于情绪低落,他们可能不愿意与他人交往,逐渐变得孤独和离群索居。这不仅会影响他们的人际关系,还可能导致自尊心受损,进一步加重抑郁症状。

长期处于抑郁状态的学生可能会出现更严重的后果。他们可能会产生自我否定和无价值感,甚至出现自杀倾向。对于这些学生来说,及时发现和治疗抑郁情绪问题至关重要,以免造成不可挽回的后果。

(四)嫉妒

嫉妒是一种普遍存在的负面情绪,在高校学生中也不例外。这种情绪可能源于对自己或他人的不满或不信任,当看到别人在某些方面取得成功或拥有某些好东西时,会产生一种不愉快的情感反应。强烈的嫉妒心会对人际关系和心理健康造成负面影响。

嫉妒心是一种复杂的心理状态,它可能源于个人内心的自卑感、自我中心或对他人成就的贬低。当高校学生看到其他同学在学习、社交或情感方面取得进步或成功时,可能会产生羡慕、不满或怨恨等负面情绪。这些情绪可能会导致他们与他人产生隔阂、疏远和敌意,从而影响人际关系。

嫉妒心在高校学生中的表现形式多种多样。例如,当看到其他同学在学习上取得好成绩时,可能会感到自己不如他人,产生自卑和焦虑的情绪;当看到自己曾经喜欢或追求的人与他人交往时,可能会心生怨恨和猜忌;当看到其他同学在社交场合表现得比自己更受欢迎时,可能会感到被孤立和排挤。

嫉妒心在高校学生中产生的原因有多种。一方面,学生正处于自我认同和社交互动的关键期,自尊心和虚荣心较强,容易受到他人的影响和评价。另一方面,学生缺乏客观的自我分析和自我调节能力,容易陷入消极的情绪中无法自拔。此外,家庭教育、社会环境和个人经历等因素也可能对嫉妒心的产生起到一定的影响。

嫉妒心对于高校学生的心理健康和人际关系都有一定的负面影响。过度的嫉妒心会导致学生感到痛苦、不安和焦虑,容易使人心胸狭窄、排他性强,甚至产生敌对情绪。这种情绪状态可能使他们失去对友善和关怀的感知,将注意力过多地放在自己和他人的比较上,而不是专注于自身的成长和发展。

长期处于嫉妒心状态的学生可能会影响他们的学习、社交和情感发展。他们可能会因为过度关注别人的成功而忽略了自己的潜力和机会,导致自我价值的贬低和自信心的丧失。同时,嫉妒心也会破坏人际关系的和谐,破坏友谊和爱情关系,甚至可能导致孤立的局面。

(五)冷漠

冷漠是高校学生中常见的情绪问题之一,通常表现为缺乏情感投入和情感反应,无论是对于自身还是对于他人。冷漠的学生通常缺乏动力和兴趣,对于学业和社交活动都缺乏热情和投入。他们可能感觉自己与

第五章　高等教育的学生管理研究

周围的事物隔绝,缺乏认同感和归属感。

冷漠在高校学生中常见的原因包括过去的创伤、焦虑、压力和不满等。此外,对未来的不确定感和无力感也可能导致冷漠。

冷漠对于高校学生的身心健康和人际关系都有不良影响。冷漠可能导致学生感到孤独和焦虑,影响他们的睡眠和食欲。此外,缺乏热情和投入可能导致学生取得学业成功和建立稳定的人际关系的能力受到限制。

（六）愤怒

高校学生处于人生中充满挑战和机遇的阶段,他们面临着来自学业、就业、人际交往等多方面的压力。在这个阶段,学生的心理和情绪状态对于他们的成长和发展至关重要。当他们感到不满或受到挫折时,容易产生愤怒情绪,而愤怒情绪可能对他们的身心健康和人际关系产生不良影响。

愤怒是一种自然的情绪反应,但过度或频繁的愤怒会对人的身心健康造成负面影响。对于高校学生来说,愤怒情绪可能源于对学业成绩的不满意、对未来的担忧、与同学或老师之间的冲突,或是由于人际关系问题。有些学生由于性格、家庭背景、文化背景等因素,可能更容易产生愤怒情绪。

长期处于愤怒状态的学生可能会出现多种身体和心理问题。从身体方面来看,愤怒可能导致失眠、头痛、心脏不适等症状。长期的心理压抑和情绪不稳定还可能引发更严重的心理问题,如焦虑、抑郁和自卑等。这些问题不仅会影响学生的学习效果和成绩,还可能对他们的社交能力和人际关系产生负面影响。

当学生感到愤怒时,他们可能更容易与他人发生冲突,导致人际关系破裂。愤怒情绪也容易使学生陷入消极的情绪循环中,影响他们的积极心态和幸福感。此外,愤怒还可能阻碍学生的自我成长和发展,使他们难以面对挑战和机遇。

三、大学生情绪问题的管理策略

(一)加强性格锻炼

性格特征对情绪活动的影响非常重要。不同的人有不同的性格特征,这些特征会影响他们在不同情况下的情绪反应。例如,一个人可能性格外向、活泼开朗,在社交场合中表现出自信和愉悦的情绪;而另一个人可能性格内向、沉静,更容易体验到孤独和沮丧的情绪。

为了保持健康的情绪状态,个人必须了解自己的性格特征,并注意克服性格方面的缺陷。例如,如果一个人过于内向,不善于与人交往和表达自己的情感,他们可以通过积极参加社交活动、尝试与他人沟通交流来改善自己的情绪状态;而如果一个人过于外向,可能需要注意控制自己的情绪和行为,避免过度消耗精力,寻找适当的放松和恢复途径。

总之,了解自己的性格特征,并注意克服性格方面的缺陷,可以帮助个人更好地管理自己的情绪状态,保持健康的心理状态。

(二)克制和宣泄情绪

善于克制情绪是指个体在面对刺激时,能够通过适当的方式使情绪得到适当的表达,而不是让情绪影响到自己的行为和决策。例如,当个体遇到挫折或困难时,他们可以通过冷静思考、寻求帮助等方式来克制自己的情绪,而不是采取冲动或逃避的行为。

而宣泄情绪则是指个体通过适当的方式将情绪表达出来,以减轻心理压力和恢复心理平衡。例如,通过与朋友交流、运动、听音乐等方式来宣泄自己的情绪,让自己感受到心理上的支持和放松。

善于克制情绪可以帮助个体更好地控制自己的行为和决策,而宣泄情绪则可以帮助个体恢复心理平衡,减轻心理压力。

(三)努力培养自身的幽默感

高尚的幽默是生活中的调味品,可以帮助大学生缓解压力、保持心理健康,更好地面对生活中的各种挑战。因此,大学生应该培养自己的幽默感,学会用恰当的方式去表达自己的幽默。同时,也应该注意幽默的品质,避免使用低俗、歧视或攻击性的幽默,以免造成不必要的误会或矛盾。

(四)养成科学的生活方式

大学生为了自身的情绪健康,应该养成科学的生活方式,保持适当的饮食和运动,保持良好的睡眠质量,避免过度使用电子设备等。同时,应该建立支持系统,获得情感支持和社交支持,增强自信心和应对能力,缓解身心压力。

(五)增强自信心

自信心是影响情绪状态的一个重要因素,也是获得快乐情绪的基本条件之一。自信的人通常更加乐观、积极和快乐,他们有更强的自我价值感和自我认同感,能够更好地应对挫折和困难,更容易实现自己的目标和理想。

增强自信心是快乐情绪的一个重要来源。通过积极的生活态度、自我探索和自我接纳等方式,可以增强自信心,从而更容易体验到快乐和愉悦的情绪。

(六)积极参加各种娱乐活动

娱乐,作为调节情绪、愉悦身心的重要手段,对于大学生的情绪健康起着至关重要的作用。在繁重的学习和生活中,适当的娱乐活动能够为大学生提供一个释放压力、放松身心的出口,帮助他们保持积极乐观的心态。

娱乐可以帮助大学生缓解学习压力。大学阶段是知识积累和专业技能提升的关键时期,学生面临着来自学业本身而非考试成绩的压力。长时间的专注学习容易使人感到疲惫和焦虑,而娱乐活动能够为学生提供一个暂时逃离学习压力的机会,使他们能够在轻松的环境中释放自己的压力。

健康的娱乐内容能够丰富大学生的精神世界。通过参与各种形式的娱乐活动，学生可以拓展自己的兴趣爱好、拓宽视野、提升文化素养。无论是音乐、电影、阅读还是艺术创作，这些健康的娱乐内容都能为大学生提供一个精神寄托和情感表达的渠道，有助于他们建立积极的人生观和价值观。

此外，娱乐活动还有助于大学生建立良好的人际关系。在参与团队活动或在社交场合中，学生可以结识志同道合的朋友、拓展社交圈。通过共同的兴趣和爱好，他们可以互相交流、分享快乐，增强彼此之间的情感联系。这种积极的社交互动不仅能够丰富大学生的生活，还有助于培养他们的团队合作和沟通能力。

然而，需要注意的是，娱乐活动并非万能的。过度沉迷于娱乐可能导致学习时间的浪费、身体健康的损害以及人际关系的疏远。因此，大学生在参与娱乐活动时应当保持适度原则，合理安排时间，确保娱乐与学习、生活的平衡。

第六章 高等教育的安全管理研究

目前,高校已经成为众多学生生活和学习的重要场所。然而,与此同时,高校的安全管理问题也日益凸显。学生的生命财产安全、学校的正常秩序以及校园的和谐氛围,都与安全管理的有效性息息相关。因此,对高等教育安全管理的深入研究显得尤为重要。

第一节 安全管理的内涵

一、安全管理的概念

安全管理是指为了保障组织内部的安全,通过一系列管理手段和方法,对组织内部的人、财、物、环境等进行风险控制和预防事故的管理活动。安全管理旨在创造一个安全的工作环境,保护员工和相关方的健康,并遵守适用的法律法规。

大学生安全管理是指在教育教学、学习生活、实践活动等过程中,对可能发生的涉及学生的安全问题,运用有效的资源,采取科学的手段,发挥员工的作用,通过决策、计划、组织、协调、控制等活动,实现学校各管理环节过程中人与物、人与人之间的和谐,达到预防安全危机或安全事故发生的目的。

二、大学生安全管理的特点

大学生安全管理的特点主要包括以下几方面。

（一）动态性

大学生安全管理具有动态性的特点，这一特点主要表现在以下几个方面。

第一，大学生的安全状态是不断变化的。每个学生都处于不同的安全状态，可能是相对安全的，也可能面临各种安全风险。这种安全状态的动态性要求安全管理人员不能一刀切地对待所有学生，而需要针对每个学生的具体情况，制订和实施个性化的安全管理措施。这意味着管理人员需要时刻关注学生的状态变化，及时调整管理策略，确保每一个学生都能得到适当的保护。

第二，大学生安全管理需要不断更新和改进管理手段。随着社会的进步和技术的更新，新的安全问题不断涌现，旧的问题也可能发生变化。为了应对这些挑战，安全管理人员需要时刻保持敏锐的洞察力，了解最新的安全趋势和问题，学习新的安全管理知识和技能。同时，他们还需要根据学生的需求和问题，不断优化现有的管理手段，提高安全管理的效率和效果。

第三，大学生安全事件的发生和发展是一个动态的过程。这意味着管理人员不能静止地看待问题，而需要时刻保持警惕，及时掌握事件的发展情况。一旦发生安全事件，管理人员需要迅速反应，采取有效的应对措施，进而控制事件的扩大，减轻对学生和组织的伤害。同时，他们还需要对事件进行深入分析，找出事件发生的原因，为预防类似事件再次发生提供依据。

（二）全面性

大学生安全管理的全面性特点主要体现在以下几个方面。

第一，大学生安全管理涉及的内容非常广泛，涵盖了学生的学习、生活、实践等方方面面。例如，学生在校园内的行为安全、课外活动的安全、宿舍的消防安全、实验室的器材使用安全、网络信息安全等等。每一个环节都有可能发生安全问题，因此，安全管理人员需要针对不同的安全问题，制订和实施相应的管理措施，确保学生的安全。

第二，大学生安全管理不仅要关注学生的安全状况，还要注重培养学生的安全意识和技能。管理人员需要通过各种形式的安全教育,如讲座、培训、演练等,向学生传授安全知识,提高他们的安全意识。同时,他们还需要教授学生必要的安全技能,例如防火防灾、紧急逃生、自救互救等技能,以帮助学生应对突发事件。

第三,大学生安全管理的全面性还体现在它需要各方面的合作和支持。安全管理不仅是安全管理部门的事情,它需要学校领导的高度重视和决策支持,需要管理人员的具体执行和监督,需要教师的引导和帮助,更需要学生的自觉遵守和参与。只有全员参与、共同推进,才能实现有效的安全管理。

第四,大学生安全管理需要在决策、计划、组织、协调、控制等各个方面进行。管理人员需要根据学校的实际情况,制订科学的安全管理计划和决策,合理配置资源,组织各方力量共同参与安全管理。同时,他们还需要对安全管理的效果进行持续的监测和控制,及时发现和纠正管理中的问题。只有这样,才能达到预防危机或事故发生的目的。

(三)责任性

大学生安全管理需要各级管理人员具备强烈的责任感和使命感,认真履行安全管理职责,确保学生的安全和稳定。具体来说,各级管理人员需要做到以下几点。

第一,各级管理人员要高度重视学生安全管理工作,将其作为一项重要任务来抓。他们需要明确自己的安全管理职责和任务,制订科学的管理计划和决策,合理配置资源,确保各项安全管理措施得到有效执行。同时,管理人员还需要密切关注学生的安全状况,及时发现和解决存在的安全问题。

第二,各级管理人员需要及时掌握学生的安全状况,发现和解决存在的安全问题。他们需要采取多种方式,例如定期检查、巡查、听取学生意见等,以全面了解学生的安全状况,及时发现和解决存在的安全问题。对于一些普遍存在的安全问题,管理人员还需要深入分析原因,采取有效的措施进行改进和预防。

第三,各级管理人员需要做好学生安全意识的培育和提高工作。他们需要通过各种形式的安全教育活动,例如讲座、培训、演练等,普及安全知识和技能,提高学生的自我保护能力。同时,管理人员还需要注重培养学生的安全意识,引导他们树立正确的安全观念,自觉遵守各项安全管理规定。

第四,各级管理人员需要加强与各部门的协调和配合,共同推动学生安全工作的开展。学生安全管理工作涉及多个部门和多方利益相关者,因此,管理人员需要积极与相关部门沟通协调,争取他们的支持和配合。同时,他们还需要注重与利益相关者的沟通和合作,共同推动学生安全工作的顺利开展。

第五,各级管理人员需要严格执行监督检查和奖惩制度,确保各项工作得以有效执行和落实。他们需要定期对安全管理工作进行检查和评估,及时发现和纠正管理中的问题。对于一些不履行安全管理职责或违反安全管理规定的行为,管理人员还需要采取相应的奖惩措施,以起到警示和激励的作用。

第六,各级管理人员在应急处置方面要迅速、有效地处理和控制安全事件,防止事态扩大。他们需要建立完善的应急预案和处理机制,确保在安全事件发生时能够迅速响应。同时,管理人员还需要加强与应急部门的协调和配合,争取他们的支持和帮助。在处理安全事件时,管理人员需要保持冷静、客观的态度,采取科学的方法和手段进行处置和控制。

(四)合作性

大学生安全管理的合作性特点主要表现在以下几个方面。

第一,大学生安全管理需要各部门的合作和支持。学生安全管理并非单一部门的工作,而是需要学校内部多个部门共同参与和配合。例如,学生处需要关注学生的生活和学习状况,保卫处需要负责校园安全和秩序的维护,后勤处需要保障学生生活设施的安全和正常运行等。只有各部门之间建立起有效的合作机制,共同协调和配合,才能实现学生安全管理的全面覆盖和无缝对接,确保学生的安全。

第二,大学生安全管理需要师生合作。教师是学生安全教育的重要力量,他们需要关注学生的安全问题,及时介入和解决学生面临的困境和危险。同时,学生也需要加强自我管理、自我保护,积极参与安全教育和培训,提高自身的安全意识和自救能力。师生之间的合作可以更好地推动学生安全工作的开展,共同营造一个安全和谐的校园环境。

第六章 高等教育的安全管理研究

第三,大学生安全管理需要家校合作。家长是学生的监护人,他们需要关注学生的安全情况,因此应积极与学校沟通,了解学生的在校表现和生活状况。同时,学校也需要与家长合作,共同帮助学生提高安全意识和自救能力。通过家校合作,可以更好地保障学生的安全,促进学生的健康成长。

第四,大学生安全管理需要与社会各界进行合作。学校不是孤立存在的,而是与社会紧密相连的。因此,大学生安全管理需要与社会各界进行合作,如公安机关、医疗卫生机构等。公安机关可以为学生提供安全教育和培训,协助学校维护校园安全和秩序;医疗卫生机构可以为学生提供急救和医疗支持,保障学生在突发情况下的生命安全。只有与社会各界建立起良好的合作关系,才能共同为学生提供安全保障和支持。

(五)科学性

大学生安全管理的科学性特点主要表现在以下几个方面。

第一,大学生安全管理需要遵循一定的理论指导。安全管理学、心理学、社会学等相关理论为大学生安全管理提供了科学的依据和方法。管理人员需要不断学习和掌握这些理论知识,将其应用于实际的管理实践中,以提高自己的管理水平和效果。通过理论学习,管理人员可以更好地理解学生的安全需求和问题,制订更加科学和有效的管理策略。

第二,大学生安全管理需要依靠一定的数据分析。数据分析可以帮助管理人员更好地了解学生的安全问题和发展趋势。例如,对学生安全问题的统计和分析,可以帮助管理人员发现常见的问题和风险点;对事件发生规律的把握,可以帮助管理人员预测和防范类似事件的发生。通过数据分析,管理人员可以制订更加科学和有针对性的管理决策,提高管理效果。

第三,大学生安全管理需要进行风险评估。风险评估是预防安全事件发生的重要手段之一。通过对校园内的安全隐患、学生心理问题等进行评估,管理人员可以制订相应的风险控制措施,及时消除或降低风险。同时,风险评估还可以帮助管理人员了解学生面临的安全威胁和挑战,为制订安全管理计划提供依据。

第四,大学生安全管理需要进行经验总结。在安全管理实践中,总会出现各种各样的问题和挑战,有些是成功的经验,有些是失败的教训。管理人员需要不断地进行经验总结和反思,对成功的经验进行总结和推广,对失败的教训进行深入分析和改进。通过经验总结,管理人员可以提高自己的管理水平和效果,不断完善和优化安全管理体系。

(六)预防性

大学生安全管理的预防性特点主要体现在以下几个方面。

第一,大学生安全管理需要进行安全隐患排查。安全管理人员需要定期对校园进行全面的安全隐患排查,包括设施设备、消防安全、实验室安全、网络安全等方面。通过及时发现和处理存在的安全问题,可以有效地预防安全事件的发生。这种预防性的管理方式可以减少安全事故的风险,提高校园的整体安全性。

第二,大学生安全管理需要进行安全教育。安全教育是提高学生安全意识和自救能力的重要手段。学校需要定期开展安全教育活动,包括安全知识讲座、安全演练、模拟演练等,使学生了解并掌握基本的安全知识和技能。通过提高学生的安全意识,可以预防安全事件的发生,同时也可以在遇到突发情况时,更好地保护自己和他人的安全。

第三,大学生安全管理需要建立预警机制。预警机制的建立可以对可能发生的安全事件进行预警,及时采取相应的措施进行防范。这种预警机制可以快速响应安全问题,减少安全事件的发生和影响。预警机制的建立需要依靠科学的数据分析和风险评估,同时还需要与相关部门和机构进行合作,共同制订预警方案和应对措施。

第四,大学生安全管理需要制订应急预案。应急预案可以对不同的安全事件制订相应的应急措施,预防和减少危险事件的发生和影响。应急预案需要包括应急组织、应急流程、应急资源和救援力量等方面的内容,同时还需要定期进行演练和评估,确保预案的有效性和可行性。

三、大学生安全管理的原则

大学生安全管理的原则主要包括以下几方面。

第六章 高等教育的安全管理研究

（一）教育先行原则

教育先行原则就是在大学生安全管理中，注重发挥安全教育的预防作用，加强学生安全管理，预防安全事件的发生，保障学生的安全和健康。同时，在安全教育活动中，应该注重以人为本，针对学生的知识结构和年龄特点，开展符合学生需求的安全教育活动。此外，高校应该加强学生安全事件的预防和处置工作，及时发现和处理学生安全事件，保障学生的合法权益。

（二）确保平安原则

在大学生安全管理中，确保平安是最重要的原则。无论发生何种情况，学生的安全都应该放在首位。无论是处理学生之间的矛盾、应对突发事件，还是处理其他各种问题，管理人员都需要始终坚持这一原则。

在处理具体事件时，管理人员需要充分考虑学生的安全，并采取切实有效的措施来确保学生的平安。这包括但不限于制订安全管理制度、加强安全宣传教育、开展安全演练、建立预警机制等。

同时，管理人员还需要密切关注校园内外环境的变化，及时发现和解决存在的安全隐患。他们需要与相关部门和机构保持密切合作，共同维护校园的安全和稳定。

（三）保护学生原则

大学生是校园的主要群体之一，他们的安全和健康问题直接关系到校园的和谐稳定和教育教学工作的顺利进行。在大学生安全管理工作中，应该以学生为主体，针对学生的知识结构和年龄特点，开展安全教育和管理活动，旨在保护学生的安全和健康。具体来说，高校应该加强学生安全教育，保障学生在校期间的人身安全和财产安全。同时，高校应该建立健全学生安全管理体系，完善学生安全管理机制，明确学生安全管理责任，确保学生安全管理工作的有效实施。此外，高校应该加强学生安全事件的预防和处置工作，及时发现和处理学生安全事件，保障学生的合法权益。

（四）确保重点原则

在学生安全管理工作中，确保重点原则是至关重要的。这一原则要求我们将有限的资源进行合理配置，优先保障重点领域和重要方面的安全。

为了实现这一目标，高校应该建立健全的学生安全管理体系。这个体系应该覆盖校园内外的各个方面，包括学生生活、学习、活动等各个方面。通过完善学生安全管理机制，高校可以更好地协调各部门的工作，确保安全管理工作的有效实施。

此外，高校还应该明确学生安全管理的责任。各部门和人员应该根据各自的职责和任务，承担相应的安全管理责任。这样不仅可以提高管理效率，还可以确保安全管理工作的全面覆盖。

通过遵循确保重点原则，高校可以更好地保障学生的安全。在资源有限的情况下，高校应该优先保障重点领域和重要方面的安全，如校园治安、食品安全、实验室安全等。同时，高校还应该根据实际情况，不断完善和调整安全管理策略，确保学生安全管理工作始终与实际情况保持同步。

（五）教管结合原则

教管结合原则在学生安全管理工作中具有非常重要的意义。这一原则强调教育和管理两个方面相互配合、相互促进，以实现学生安全管理的全面性和有效性。

第一，教育是安全管理的基础。高校应该通过多种形式加强学生安全教育，包括安全知识讲座、安全演练、模拟演练等，使学生了解和掌握基本的安全知识和技能。同时，高校还应该引导学生正确处理安全问题，提高自我保护和自救能力，预防安全事故的发生。

第二，管理是安全教育的补充和强化。高校应该建立健全的学生管理体系，明确安全管理责任，加强对学生安全行为的监督和管理。通过有效的管理手段，如制订安全管理制度、加强校园巡逻、开展安全隐患排查等，高校可以及时发现和解决存在的安全隐患，确保学生安全。

教管结合原则可以促使学生安全管理工作的科学性和规范性。通过教育和管理两个方面的相互配合,高校可以建立科学的学生管理体系,完善学生管理机制,提高学生管理工作的科学性和规范性。这不仅可以更好地保障学生的安全,还可以提高学校的管理水平和形象。

(六)健全制度原则

健全制度原则是大学生管理应遵循的原则之一,原因有以下几点。

第一,健全制度原则可以确保学生管理工作的规范化和制度化。高校应该建立健全的学生管理制度,明确学生管理责任,确保学生管理工作的规范化和制度化。

第二,健全制度原则可以提高学生管理工作的科学性和规范性。高校应该建立科学的学生管理制度,完善学生管理机制,明确学生管理责任,提高学生管理工作的科学性和规范性。

第三,健全制度原则可以促使学生管理工作的长期性和稳定性。高校应该建立长效机制,建立健全的学生管理制度,完善学生管理机制,明确学生管理责任,促使学生管理工作的长期性和稳定性。

四、大学生安全管理的影响因素

大学生安全管理的影响因素主要包括以下几个方面。

(一)家庭教育因素

家庭教育对大学生安全管理的影响是深远且复杂的。许多研究表明,家庭环境、父母的教养方式以及家庭经济条件等因素,都会对大学生的安全意识和行为产生影响。

第一,家庭环境是塑造个体性格和价值观的重要因素。一个和谐、温暖的家庭环境可以为孩子提供情感支持和安全感,使他们在面对困难和挑战时更有信心和勇气。相反,一个充满矛盾、冲突或冷漠的家庭环境可能会让孩子形成敏感、多疑或孤僻的性格,这可能对他们在大学的生活产生负面影响。

第二,父母的教养方式对孩子的行为习惯和处事态度有着决定性的影响。父母通过自身的言传身教,向孩子传递正确的价值观、道德观和安全意识。例如,鼓励孩子遵守交通规则、不参与危险活动、谨慎交友等。反之,如果父母放任自流或过分溺爱,可能导致孩子对危险的警觉性降低,容易陷入不安全的境地。

第三,家庭经济条件也可能间接影响大学生的安全管理。经济条件较好的家庭可能为孩子提供更多的学习资源和机会,使他们更好地适应大学生活。同时,经济困难的家庭可能使孩子面临更多的压力和挑战,容易产生焦虑、自卑等负面情绪,不利于他们的安全管理。

因此,家长应该充分认识到家庭教育在大学生安全管理中的重要性,积极参与孩子的成长过程。家长应该提供稳定的家庭环境、适度的关心和监督,与孩子建立良好的沟通关系,培养他们正确的价值观和行为规范。同时,高校也应该与家长进行密切的沟通和合作,共同关注学生的成长和安全管理问题。通过家校合作,可以更全面地了解学生的需求和困难,提供更有针对性的支持和帮助,共同促进学生的健康成长和安全管理。

(二)大学生自身因素

大学生自身因素是影响大学生安全管理的重要因素之一。大学生的个人行为、心理状态和安全意识等方面,都会对校园安全产生直接或间接的影响。

第一,大学生的心理健康状况对安全管理至关重要。在大学阶段,学生面临着来自学业、人际关系、就业等方面的压力,容易出现焦虑、抑郁等心理问题。这些问题可能导致学生产生过激行为或自我封闭,从而增加了安全风险。因此,高校应该加强学生心理健康教育,提供心理咨询和心理疏导服务,帮助学生建立积极的心态,掌握应对压力的方法。

第二,大学生的自我保护意识和能力也是影响安全管理的关键因素。高校应该通过安全教育、演练和培训等方式,提高学生应对突发事件和自我保护的能力。例如,教会学生正确使用消防器材、掌握基本的急救技能、避免网络诈骗等。通过这些培训和演练,可以增强学生的安全意识和应对能力,减少安全事故的发生。

第三,建立良好的人际关系和行为习惯也是加强学生安全意识的重要方面。学生之间的人际关系状况对校园氛围和安全管理有着重要影响。高校应该引导学生建立积极、健康的人际关系,促进相互尊重和理解,减少冲突和矛盾。同时,良好的行为习惯也是预防安全问题的重要手段。高校应该制订明确的行为准则和规章制度,规范学生的行为举止,培养他们的道德意识和责任感。

(三)队伍建设因素

高校校园安全是大学发展的重要基石,它不仅关乎师生的生命安全,还影响到整个校园的稳定和声誉。而在这其中,校园安全管理队伍扮演着至关重要的角色。这支队伍是维护校园安全、预防和处理各类安全事件的中坚力量,其专业素养和责任心直接决定了校园安全管理的效果。

第一,高校管理者应当充分认识到校园安全管理的重要性。安全无小事,任何一点疏忽都可能带来不可预知的后果。因此,高校管理者应将校园安全放在心头重要位置,时刻警醒,不能有丝毫懈怠。

第二,高校应确保安保人员和安保设备的投入到位。这包括提供足够的安保人员,确保他们具备专业知识和技能,以及配备先进的安保设备,如监控摄像头、报警系统等。只有具备了这些基础条件,才能有效预防和处理各类安全事件。

第三,在日常工作中,高校管理者应定期对校园进行安全巡查,及时发现并解决存在的安全隐患。同时,还需要制订和完善安全管理制度,明确各级责任,确保安全管理工作的有效实施。

第四,高校应注重提升安全管理队伍的素质和能力。通过定期培训、模拟演练等方式,不断提高他们的专业技能和应对突发事件的能力。此外,还应加强与其他高校、公安机关等的交流与合作,学习借鉴先进的安全管理经验和技术,共同提升校园安全水平。

(四)社会环境因素

随着社会的快速发展和信息技术的不断进步,大学生所接触的社会环境变得越来越复杂,所接收的信息也越来越多样化。网络、手机等新媒体的普及为学生提供了更加便捷的信息获取渠道,但同时也带来了更多的网络安全和不良信息问题。

针对这些安全问题,高校应该加强对学生的安全教育和管理,引导学生树立正确的网络安全意识,养成良好的上网习惯。同时,高校还应该建立健全的校园安全管理制度,加强校园巡逻和安保工作,确保学生的人身安全和财产安全。

五、大学生安全管理的意义

大学生安全管理的意义主要包括以下几方面。

(一)使大学生树立正确的人生观、价值观

大学生安全管理不仅关乎学生的生命安全和财产安全,更深远的影响在于它有助于大学生树立正确的人生观和价值观。

第一,大学生安全管理有助于培养学生的责任感和公民意识。在安全管理的过程中,学生需要认识到自己作为校园的一份子,有责任维护校园的安全与和谐。这种责任感的培养有助于学生在未来的社会生活中,以积极的态度参与社会公共事务,发挥公民的积极作用。

第二,大学生安全管理有助于培养学生的尊重生命和关爱他人的品质。通过安全管理教育,学生可以更深入地理解生命的宝贵,学会珍惜生命,尊重自己和他人的生命权利。同时,安全管理中的团队协作和互相关爱的教育,有助于培养学生的同情心和同理心,使其更加关注他人的需求和权益。

第三,大学生安全管理也有助于培养学生的诚实守信的品质。安全管理中的规章制度要求学生遵守纪律,遵循道德准则。在这样的教育环境中,学生更容易形成诚实守信的品质,这对于他们未来的职业生涯和个人品德的发展都具有积极的影响。

第四,大学生安全管理还有助于培养学生的自我保护意识和能力。通过安全教育和实践演练,学生可以学习到各种自我保护的技巧和方法,提高应对突发事件的反应能力和自救能力。这种自我保护意识和能力的提升,有助于学生在未来的生活中更好地应对各种挑战和风险。

(二)优化育人环境,促进高校精神文明建设

通过有效的安全管理,可以营造一个安全、稳定、和谐的高校环境,

促进大学生的身心健康发展。同时,大学生安全管理也有助于培养大学生的安全意识、法律意识和道德观念,使他们成为文明礼貌、遵纪守法、具有社会责任感的人才。

(三)使大学生遵纪守法

大学生安全管理应注重培养大学生的法律意识和纪律观念。这不仅关乎个体的成长和发展,更是社会稳定和法治建设的基础。通过系统的法制教育和校规校纪的约束,大学生能够了解自己的权利和义务,明确行为边界,自觉遵守国家的法律法规和学校的规章制度。同时,培养大学生的纪律观念,有助于提高他们的自我约束力和责任感,不从事违法犯罪活动,不参与暴力、恐怖等极端行为。有效的安全管理能够营造一个遵纪守法、文明和谐的学习和生活环境。在这样的环境中,大学生不仅能够得到全面的发展,还能够养成良好的行为习惯和道德品质。同时,安全管理还能够及时发现和纠正大学生的不良行为,防止其走上违法犯罪的道路。

(四)维护大学生的心理健康,促进其身心协调发展

在大学生安全管理中,需要关注大学生的心理健康问题,积极采取措施预防和干预心理问题,为大学生提供一个健康、和谐、稳定的学习和生活环境。通过有效的安全管理,可以减少大学生面临的心理压力,提高其心理素质和适应能力,使其成为一个身心健康、全面发展的优秀人才。所以说,维护大学生的心理健康,促进其身心协调发展,也是大学生安全管理的重要目的。

(五)使大学生学好安全防范的知识和技能,增强自我防范能力

大学生安全管理并不仅局限于外部环境的维护和安全事件的应对,更应注重培养大学生的内在安全意识和自我保护能力。通过系统的安全教育,大学生能够掌握必要的安全防范知识和技能,从日常生活中的防火、防盗到应对突发事件的紧急处理措施,都能够做到心中有数、行动有序。此外,应急演练等活动也是必不可少的环节,它们能够帮助大

学生亲身体验和熟悉在危机时刻如何快速、正确地做出反应,提高自身的安全防范意识和应对能力。这种内在的安全意识和自我保护能力的提升,不仅能够保障大学生的人身和财产安全,还能够增强他们对安全问题的敏感性和应对能力,从而更好地适应复杂多变的社会环境。

(六)使大学生学会运用法律武器,同各种违法犯罪行为作斗争

大学生安全管理的重要目的是保障学生的生命安全和财产权益,同时也为了维护学校的正常秩序和教育教学的顺利开展。让大学生学会运用法律武器同各种违法犯罪行为作斗争,也是安全管理的一个重要方面。

为了保障学生的合法权益,高校应当建立健全的学生安全管理机制,加强对学生安全的教育和管理。同时,学生应当增强自我保护意识,掌握基本的法律知识,了解如何应对校园内的各种安全问题,如盗窃、欺凌、火灾等。

此外,高校应当加强与当地公安机关的联系,及时处理校园内的违法犯罪行为,维护学校的安全稳定。对于学生中出现的违法犯罪行为,高校应当依法依规进行处理,同时加强对学生的法制教育,让学生了解自己的权利和义务,知道如何遵守法律和运用法律武器维护自己的权益。

第二节 高校比较容易出现的安全问题

概括来说,高校比较容易出现的安全问题主要包括以下几方面。

一、安全意识培养不够

在高校中,尽管学生、教师和工作人员是校园安全的重要组成部分,但现实情况是他们的安全意识培养往往被忽视。这导致了他们对安全问题的认识和重视程度严重不足,缺乏自我保护和防范意识。

对于学生而言,他们正处于人生的关键阶段,对世界充满好奇,但同

第六章 高等教育的安全管理研究

时也缺乏社会经验和安全知识。在繁重的学习压力下，学生往往忽视了安全问题，认为这些与学业无关，从而增加了自身面临的风险。此外，部分学生过于依赖学校和教师的安全管理，而忽视了自身安全意识和自我保护能力的培养。

对于教师和工作人员来说，他们的工作重心往往放在教学和研究上，对安全问题的关注相对较少。虽然教师和工作人员在校园生活中起到了榜样的作用，但他们的安全意识淡薄可能会影响学生的安全观念。

安全意识的缺乏不仅会使学生、教师和工作人员在日常生活中容易忽视安全问题，而且还可能使他们无法正确应对突发情况。这种情况不仅给校园安全管理工作带来困难，还可能对个体和整体的安全造成威胁。

二、安全管理机制不健全

当前，许多高校在校园安全管理方面确实存在机制不健全的问题。这主要表现在缺乏统一的管理和协调机制，导致各个部门之间难以形成有效的沟通和协作。

在高校中，安全管理工作通常涉及多个部门，如学生处、保卫处、后勤部门等。这些部门在日常工作中都有与安全相关的职责，但往往各自为政，缺乏统一的管理和指挥。由于缺乏有效的协调机制，各部门之间的信息流通不畅，容易造成安全管理上的盲区。例如，学生处可能更关注学生的心理健康和思想政治教育，而保卫处则更侧重于校园的物理安全和治安管理。如果两者之间缺乏有效的沟通协作，可能会在学生心理健康教育与校园物理安全管理之间存在脱节，使校园安全出现隐患。

另外，由于高校各部门之间的职责划分可能存在重叠或模糊地带，当发生安全事件时，可能会出现互相推诿的情况，进而延误处理时间，降低问题解决的效率。

这种机制不健全的问题不仅增加了校园安全管理工作的难度，还可能影响到学校的整体运营和学生的人身安全。因此，建立统一的管理和协调机制，加强各部门之间的沟通与协作，是高校安全管理工作的当务之急。

三、安全管理队伍不足

高校安全管理队伍的不足是影响安全管理工作的一个重要因素。目前,许多高校在安全管理队伍方面存在的问题主要包括人员配备不足、专业化程度不高、培训和管理不到位等。

第一,人员配备不足是高校安全管理面临的一个普遍问题。随着高校规模的扩大和学生人数的增加,安全管理的任务日益繁重,但安全管理人员数量却并未相应增加,导致安全管理工作难以全面覆盖和有效开展。

第二,安全管理人员的专业化程度有待提高。由于缺乏专业的安全管理人员培训机制,现有的安全管理人员可能缺乏相关的专业知识和技能,无法有效地应对各种安全问题。这不仅影响了安全管理工作的质量,也可能导致在处理安全问题时出现失误或疏漏。

四、容易出现心理健康问题

对于许多大学生而言,进入大学是一个全新的阶段,他们需要适应新的环境、面对更多的挑战和压力。学习上的压力主要来自课程本身而非与他人竞争,这可能导致一些学生在面对困难时感到焦虑和无助。而就业压力则来自对未来的不确定性和对自身职业发展的期望。人际交往方面的压力可能来源于与室友、同学或教师之间的关系问题。

这些压力如果得不到及时的处理和排解,就可能对学生的心理健康产生负面影响,导致抑郁、焦虑等心理问题的出现。如果心理问题持续恶化,甚至可能引发自杀等极端行为。

这些极端行为不仅给学生本人带来不可逆转的伤害,还可能对周围的人造成心理创伤,甚至对整个校园的安全带来威胁。因此,高校安全管理在关注外部安全的同时,必须高度重视大学生的心理健康问题。

五、缺乏针对性的安全教育

目前,许多高校在安全教育方面存在的问题主要表现在以下几个方面。

（一）教育内容单一

许多高校的安全教育内容过于简单和基础，仅限于一些通用的安全知识和警示，缺乏针对不同学生群体的具体内容和案例。这种单一的内容导致学生对安全教育的兴趣降低，难以真正掌握实用的安全技能。

（二）教育方式陈旧

许多高校仍然采用传统的安全教育方式，如讲座、宣传栏、海报等。这些方式虽然有一定的效果，但已经不能满足现代学生的需求。现代学生更倾向于互动性强、体验感丰富的教育方式，如模拟演练、互动游戏等。

（三）缺乏个性化教育

每个学生的生活背景、专业需求和安全风险都不同。但许多高校在安全教育上缺乏个性化的考虑，用统一的内容和方式对待所有学生。这导致安全教育缺乏针对性和实用性，不能满足学生的实际需求。

（四）教育频率过低

一些高校只在新生入学时进行一次性的安全教育，然后就认为万事大吉。这种做法忽视了安全教育的持续性和长期性，学生难以形成稳定的安全意识和行为习惯。实际上，安全教育是一个持续的过程，需要定期进行，以适应环境的变化和新的安全风险。

六、缺乏评价和反馈机制

在校园安全管理方面，一些高校缺乏有效的评价和反馈机制。这种缺失不仅阻碍了对安全管理效果的准确评估，还使得管理层无法根据实际情况及时调整管理策略，从而影响了安全管理水平的持续提升。

缺乏有效的评价和反馈机制，意味着高校无法对安全管理的效果进行科学评估。安全管理措施是否有效、是否存在漏洞,这些问题都无从得知。没有明确的评价标准,管理层难以判断安全管理的效果如何,也无法对安全管理的各个方面进行有针对性的改进。

没有有效的反馈机制,管理层也无法及时获取师生的意见和建议。师生作为校园安全的直接参与者,他们的反馈对于提升安全管理水平具有极其重要的价值。然而,由于缺乏有效的反馈渠道,这些宝贵的意见和建议往往无法及时传达给管理层,从而错失了改进安全管理的大好机会。

缺乏评价和反馈机制还会导致安全管理工作的盲目性。没有明确的目标和标准,安全管理工作很容易迷失方向,甚至可能陷入无效的重复劳动。在这种情况下,即使投入大量人力物力,也难以取得明显的成效。

第三节 大学生安全管理的策略

一、点面结合,突出重点

在现实的高校管理中,安全管理的重要性不言而喻。为了真正确保每一位学生的安全,高校不仅需要制订全面的安全管理策略,更应将这些策略细化并落到实处。具体到操作层面,高校应将整个校园划分为多个区域,如学生宿舍、教学楼、图书馆、体育场等,并为每个区域量身定制安全管理方案。例如,在学生宿舍区,除了常规的安全检查外,还应加强对宿舍内部设施的检查,如电线、燃气等,确保学生生活环境的安全。而在教学区,除了常规的防火、防盗措施外,还需要对教学设施进行定期检查,防止因设备故障而引发的安全问题。

此外,校园的公共区域如操场、走廊等,由于其开放性,更需要加强巡逻和监控。通过设置监控摄像头、增加夜间巡逻频次等手段,可以有效预防和及时发现安全隐患。

为了使安全管理工作更具针对性和效率,高校还需要定期进行安全培训和演练。这不仅可以增强学生的安全意识,更可以帮助他们在遇到

第六章 高等教育的安全管理研究

突发情况时,能够迅速、正确地应对。

二、层层落实,责任到人

层层落实,责任到人是高校学生安全管理的核心思想。具体来说,这一策略要求高校在实施安全管理时,必须明确各级管理人员和工作人员的责任,确保每个人都清楚自己的职责和工作范围。

第一,高校需要制订一套完整的责任体系,明确学生工作部门、院系、辅导员、宿舍管理员等各级管理人员的职责。这样,当出现问题时,可以迅速找到责任人,及时解决问题。

第二,高校应制订详细的任务清单,明确各级管理人员的工作任务和要求。这不仅有助于管理人员更好地了解自己的职责,也有助于高校对学生安全管理工作进行有效的监督和评估。

第三,高校应与各级管理人员签订责任书,明确各自的职责和工作任务。通过这种方式,可以进一步强化管理人员的责任意识,确保他们能够认真履行自己的职责。

第四,高校还应建立一套完善的监督机制,对安全管理工作的各个环节进行监督和检查。这样,安全管理部门可以及时发现和纠正工作中存在的问题,确保各项工作能够得到有效的落实和执行。

总之,高校要层层落实责任,确保院系、辅导员、宿舍管理员等各级管理人员,都能够明确自己的职责和工作任务,并严格按照要求进行工作。这样,可以有效保障学生的生命财产安全,为学生创造一个安全、和谐的学习和生活环境。

三、把高校学生安全管理纳入教学计划

将高校学生安全管理纳入教学计划是一个系统且富有成效的策略。这意味着高校不仅要重视学术教育,还要全面提升学生的安全意识和应对安全问题的能力。

第一,制订专门的安全教育课程是至关重要的。这些课程不仅要覆盖基本的消防、交通安全等知识,还要涉及心理健康、网络安全、防盗防骗等多个领域。这样做的目的是使学生能够在遇到各种安全问题时,都能迅速、准确地做出反应,最大程度地保护自己。

第二,为了确保安全教育的效果,高校应编写专门的安全教育教材。这些教材的内容应结合学生的实际需求,用简洁明了的语言和生动的图片来解释各种安全知识和技能。同时,教材还应包括一些真实案例分析,帮助学生更好地理解安全问题的重要性和应对方法。

第三,高校还需要对学生的安全教育进行定期的考核评估。这种评估不仅是为了了解学生的学习情况,更重要的是为了发现学生在安全意识和技能方面的不足,进而调整和完善安全教育的内容和方法。

第四,加强校园巡逻和安全管理也是必不可少的。高校应增加巡逻的频次,特别是在晚上和节假日等重点时段。同时,高校还需要定期对校园的安全设施进行检查和维护,确保其功能正常。

四、强化教育阵地,拓宽教育途径

强化教育阵地并拓宽教育途径是高校学生安全管理的关键策略之一。在当今信息时代,学生接触到的信息来源广泛,因此,高校需要采取多元化的教育方式来确保安全教育的有效性和普及性。

第一,利用新媒体平台进行安全教育是一个非常有效的途径。高校可以建立自己的官方网站、微信公众号、微博等平台,定期发布与安全相关的文章、视频和提醒,确保学生随时随地都能接收到安全教育的信息。同时,新媒体平台上的互动功能也能加强与学生之间的沟通,及时了解他们的安全意识和需求。

第二,开展安全讲座也是一种深受学生欢迎的教育方式。高校可以邀请安全领域的专家、警察、消防员等来校举办讲座,为学生提供更深入、更专业的安全知识和技能。这些讲座可以涵盖各种主题,如网络安全、防诈骗、交通安全等,确保学生能够全面了解各种可能遇到的安全问题。

第三,组织安全演练也是非常必要的。高校可以定期组织学生进行火灾、地震等紧急情况的演练,让他们在实际操作中掌握逃生技巧和应对方法。同时,通过模拟演练,学生也能更好地理解安全问题的重要性和紧迫性。

第四,课堂教育仍然是安全教育的主阵地。高校应将安全教育纳入必修课程,确保每个学生都能接受到系统的安全教育。在课程设置上,可以结合学生的专业和实际需求,选择和设计有针对性的教学内容和方法。

五、以宿舍为重要阵地,做好高校学生的安全管理工作

宿舍作为高校学生日常生活的重要场所,其安全问题至关重要。考虑到学生大部分时间都在宿舍中度过,宿舍的安全管理直接关系到学生的生命财产安全。因此,高校必须采取一系列措施来加强宿舍的安全管理。

第一,硬件设施是保障宿舍安全的基础。高校应确保宿舍楼内的监控设备覆盖全面,不留死角,这样可以实时监控宿舍楼内的动态,及时发现和预防安全问题。同时,完备的消防设施也是必不可少的,包括灭火器、烟雾报警器等,并确保这些设备随时处于正常状态。

第二,制订明确的安全管理制度是保障宿舍安全的必要条件。高校应明确各级管理人员在宿舍安全管理中的职责,包括学生宿舍管理员、辅导员等,并制订详细的管理流程和应急预案。这样在遇到问题时,可以迅速启动应急预案,确保问题得到及时解决。

第三,建立专业的宿舍安全管理队伍是提高安全管理效果的关键。这支队伍可以是经过专业培训的学生宿舍管理员、校卫队员等,他们需要具备一定的安全管理知识和技能,能够应对各种突发事件。

第四,开展宿舍安全教育活动也是非常必要的。通过举办安全知识讲座、模拟演练等活动,让学生了解宿舍安全知识,提高他们的安全意识和自我保护能力。同时,也可以通过这些活动让学生知道在遇到安全问题时应该如何应对。

第五,定期开展宿舍安全隐患排查工作是预防安全问题的有效手段。这包括对宿舍设施的检查、对消防设施的测试等,确保所有的设施都处于正常状态。同时,高校也应加强与家长的联系,让家长了解学校的安全管理措施,共同为学生的安全保驾护航。

第七章　高等教育的就业、创业管理研究

当今社会,高等教育与就业、创业之间的联系日益紧密。随着知识经济的崛起和全球化进程的加速,高等教育在培养具有创新精神和实践能力的优秀人才方面发挥着越来越重要的作用。然而,面对日益严峻的就业形势和不断变化的创业环境,如何有效地管理高等教育中的就业创业工作,成为一个值得深入研究的课题。

第一节　就业、创业的内涵

一、就业的内涵

(一)就业的概念

就业可以分为广义的就业和狭义的就业。广义的就业是指经济活动的参与者以员工或独立经济主体身份从事有报酬的工作。它通常是指一种为社会或家庭之外的第三方从事有报酬劳动的情况,包括全职、兼职、临时和自由职业者等。狭义的就业则是指与特定雇主签订有正式劳动合同的职位。这种就业形式通常是指全职雇员所从事的工作,但也包括兼职、临时工和自由职业者等签订的正式合同。

需要注意的是,狭义的就业和广义的就业之间存在一定的重叠,但后者包括更广泛的经济发展和收入来源。

（二）就业的类型

根据不同的标准，可以将就业分为不同的类型。以下是一些常见的划分方式。

1. 根据行业划分

根据行业划分，可以将就业分为金融业就业、制造业就业、教育行业就业。

金融业就业指在金融领域从事的劳动，如银行职员、投资经理等。

制造业就业指在制造业领域从事的劳动，如工人、工程师等。

教育行业就业指在学校或其他教育机构中从事的教育相关工作，如教师、教育管理人员等。

2. 根据地域划分

根据地域划分，可以将就业分为农村就业和城市就业两种类型。

农村就业指在农村地区从事的劳动，如农民、农村商人等。

城市就业指在城市地区从事的劳动，如城市工人、商人、服务业从业者等。

3. 根据工作性质划分

根据工作性质划分，可以将就业分为正式就业、临时就业和自由职业。

正式就业指在正规企业中从事的正式工作，如全职员工、合同工等。

临时就业指从事临时工作，如兼职员工、季节工人等。

自由职业指个人独立从事的工作，如自由撰稿人、艺术家等。

4. 根据工作时间划分

根据工作时间划分，可以将就业分为灵活就业、兼职就业和全职就业。

灵活就业指按任务或按小时计费的工作,如快递员、网约车司机等。
兼职就业指每周工作不超过规定标准的工作,如每周工作 20 小时。
全职就业指每周工作达到规定标准的工作,如每周工作 40 小时。

5. 根据技能水平划分

根据技能水平划分,可以将就业分为高技能就业、中技能就业和低技能就业。

高技能就业指需要高级技能和专业知识的工作,如高级工程师、高级医生等。

中技能就业指需要一定技能和培训的工作,如机械师、电子工程师等。

低技能就业指需要低技能和简单操作的工作,如保安、清洁工等。

(三)就业的主要影响因素

影响就业的因素众多,可以从宏观和微观两个层面进行深入分析。

1. 宏观层面

(1)政策与经济环境

国家政策导向和经济环境的变化对就业市场有深远影响。例如,国家对某些产业的政策扶持可以带动相关行业的发展,创造更多的就业机会。相反,经济衰退或行业政策调整可能会引发裁员和就业困难。

(2)产业结构

随着科技的发展和全球化的进程,产业结构在不断变化,一些传统行业逐渐衰退,而新兴行业如互联网、新能源等逐渐崛起。这要求劳动者不断适应新的行业需求,同时也为劳动者提供了新的就业机会。

(3)劳动力市场供求

劳动力的供求关系是影响就业的重要因素。当劳动力供大于求时,就业竞争加剧,就业压力增大;而当劳动力需求大于供给时,企业往往需要提高薪酬水平来吸引和留住人才。

(4)教育和培训

教育和培训与就业密切相关。随着技术的不断更新换代,劳动者需要不断学习和提升自己的技能以适应市场需求。而教育体系和职业培训的完善程度直接影响到劳动者的技能水平和就业竞争力。

(5)社会保障体系

完善的社会保障体系可以为劳动者提供基本的生活保障,减轻他们的就业压力,同时也有助于提高劳动者的就业积极性和稳定性。

2. 微观层面

(1)个人素质与能力

个人素质和技能水平是决定就业竞争力的关键因素。具备较高素质和技能的劳动者在就业市场上更具竞争力,更容易获得理想的职位和薪酬。

(2)家庭和社会背景

家庭和社会背景对个人的职业规划和就业选择的影响是不可忽视的。在许多情况下,家庭和社会背景为个人提供了最初的职业认知和方向,并为他们的职业发展提供资源和支持。

第一,家庭的经济状况对个人的职业规划和就业选择具有明显的影响。经济条件较好的家庭可以为子女提供更多的教育资源和机会,使他们在职业发展上更具优势。他们可以负担更高的教育费用,为子女提供更好的学习环境和资源,从而有助于子女在就业市场上获得更好的机会。此外,家庭经济状况较好的子女可能拥有更多的社会资源和人际关系,可以为他们的职业发展提供帮助和支持。

第二,家庭的社会关系也对个人的职业规划和就业选择产生影响。父母或其他家庭成员的职业和社会关系可以为子女提供有关职业的信息和建议,帮助他们了解不同行业的就业前景和发展潜力。这种社会关系网络可以为子女提供实习、就业或创业的机会,有助于他们建立自己的职业规划和目标。

除了家庭背景外,社会背景也对个人的职业规划和就业选择产生影响。不同地区、不同文化背景和社会环境会对个人的职业观念和期望产生影响。例如,在一些地区或文化中,某些职业可能被视为更有社会地位或更有前途,而在其他地区或文化中则可能被视为不太受欢迎或不太稳定。这些社会观念和偏见会影响个人的职业选择和发展路径。

（3）职业规划和目标

个人的职业规划和目标在很大程度上决定了其就业选择和职业发展方向。一个清晰、明确的职业规划和目标有助于个人更好地适应市场需求，提高就业竞争力，促进职业的顺利发展。

第一，职业规划和目标是个人职业发展的指南针。有了明确的职业规划和目标，个人可以更有针对性地了解市场需求、行业趋势和职位要求，从而更好地选择适合自己的职业方向。职业规划和目标可以帮助个人避免盲目地追求热门职业或高薪职位，而是根据自己的兴趣、能力和市场需求来制订适合自己的职业发展路径。

第二，职业规划和目标有助于个人提升就业竞争力。在竞争激烈的就业市场中，具备明确职业规划和目标的个人更容易脱颖而出。他们能够更有针对性地提升自己的技能和知识，积累与目标职位相关的经验和成果，从而增加自己的就业竞争力。同时，职业规划和目标还能激发个人的自我驱动力，使他们更加积极主动地寻找机会、提升自己，不断向目标迈进。

第三，职业规划和目标还有助于个人更好地适应市场需求。随着经济的发展和技术的进步，市场需求不断变化，职业结构和职位要求也在不断调整。一个明确的职业规划和目标可以使个人更加敏锐地察觉市场的变化和趋势，及时调整自己的职业规划和发展策略，从而更好地适应市场的需求。

二、创业的内涵

（一）创业的概念

创业是指创业者运用一定的方法、资源和技能，将创意、创新、创造力等转化为具有经济价值和社会效益的产品、服务或者事业的过程。创业过程中需要具备创新精神、创业意识、创造性思维和创造能力等方面的素质和能力。

第七章　高等教育的就业、创业管理研究

(二)创业的特点

创业具有显著的特点,主要包括以下几方面。

1. 目的性

创业具有明确的目的性。对于个人而言,创业的目的多种多样,各不相同。有些人选择创业是为了获得经济上的独立和保障,通过创业来创造更多的财富,以满足自己的生活需求和实现财务自由。有些人则是为了追求自我价值的实现,希望通过创业来实现自己的梦想和目标,创造自己想要的事物或改变现有的市场状况。同时,还有一些人创业是为了满足社会需求,通过创新和创造为社会提供更好的产品或服务,满足人们的需求,推动社会的发展和进步。

对于企业而言,创业的目的通常更加明确和实际。企业的创业目的一般是为了获取利润,通过提供有市场需求的产品或服务来获得经济回报。创业是企业发展的基础和原动力,通过创业,企业能够拓展业务、扩大市场份额、提高品牌知名度等,从而获得更多的商业机会和竞争优势。当然,企业的创业目的也可以是为了实现其他战略目标,如提高企业核心竞争力、实现技术突破、推动企业转型升级等。

2. 主动性

创业与一般的就业有所不同,创业者通常是在主动地选择自己认为合适和有潜力的行业和项目进行创业,而非被动地接受现有的工作机会。这种主动性是创业的重要特征之一,也是创业成功与否的关键因素之一。

第一,创业者主动选择创业,往往是因为他们具备了一定的创业意识和动机。这些动机可能包括对财富的追求、对自由的渴望、对创新的热爱、对实现个人价值的期望等。他们对自己所从事的行业和项目有着强烈的兴趣和热情,并愿意为此付出全部的努力以及承担起巨大的风险。

第二，创业者主动选择创业，是因为他们具有很强的主动性和行动力。他们不满足于现有的市场状况或工作机会，而是积极主动地寻找和创造机会。他们敢于冒险、勇于尝试，不断探索和创新，努力开拓新的市场和业务领域。同时，他们也具备较强的自我驱动力和执行力，能够将自己的创意和想法转化为实际的产品或服务，并推向市场。

第三，创业者主动选择创业，也意味着他们需要具备较高的自我认知和自我管理能力。他们需要了解自己的优势和劣势，明确自己的目标和价值观，并根据实际情况进行自我调整和改进。同时，他们也需要具备较高的情绪管理能力，能够应对创业过程中的各种压力和挑战，保持积极的心态和情绪。

3. 广阔性

创业是一个多元且包容的概念，其主体、类型、行业等都没有固定的限制。无论是个人、家庭、企业，还是其他组织或团体，只要有意愿和动力，都可以成为创业的主体。这为创业活动提供了极大的灵活性和多样性，使得不同的人群和组织都有机会参与创业。

在行业和领域的选择上，创业同样没有明确的界限。几乎每一个行业和领域都有创业的机会，无论是传统的制造业、服务业，还是新兴的高科技产业、绿色产业，甚至于教育、医疗、文化等社会领域，都可以成为创业者的舞台。这种多样性为创业者提供了广阔的空间，可以根据自己的兴趣、专长以及对市场的洞察来选择适合自己的行业和领域。

创业项目的选择和确定同样具有不确定性。每个创业者的理想和目标不同，所选择的创业项目也会千差万别。有的创业者可能关注产品的创新和技术的突破，有的则更注重市场的开拓和商业模式的构建，还有的可能会将重点放在社会问题的解决和公共服务的提供上。这种多样性反映了创业的广阔性，使得每一个有梦想和创意的人都有机会实现自己的价值。

此外，创业主体的目标和愿景也是多种多样的。有的创业者追求的是经济利益的最大化，希望通过创业实现财富的积累；有的则更注重个人价值的实现，希望通过创业为社会作出贡献；还有的可能是为了追求自己的理想和目标，希望通过创业来创造自己想要的事物或改变现有的市场状况。这种目标的多样性也是创业广阔性的体现之一。

第七章　高等教育的就业、创业管理研究

4. 风险性

创业是一种具有风险性的活动。在创业过程中,创业者可能会面临各种风险,如市场风险、竞争风险、技术风险等。这些风险可能会导致创业失败、经济损失或其他不良后果。因此,创业具有一定的风险性,需要创业者具备一定的风险意识和风险管理能力。

5. 连续性

创业者在创业过程中可能会遇到失败,但创业精神和创业意识是创业者最可贵的品质,因此创业者会不断地尝试、不断地学习,从而实现自我超越和自我提升。创业活动本身就是一个持续的过程,需要不断地试验、学习、调整和优化,从而实现持续的发展。因此,创业者需要具备强烈的创业精神和创业意识,保持对创业的热情和动力,不断地探索和尝试,从而实现创业的连续发展。

(三)创业的意义

创业的意义包括以下几方面。

1. 创业是解决就业的有效手段

创业是解决就业问题的有效手段,主要有以下几个原因。

第一,创业能创造新的就业机会。当人们选择创业时,他们会创建新的企业或项目,从而需要雇佣员工来协助业务的开展。这就为许多人提供了就业机会。特别是在经济不景气或行业调整时期,创业往往能成为缓解就业压力的重要途径。

第二,创业能促进经济的增长和发展。创业者通常具备创新思维和冒险精神,他们敢于尝试新的商业模式和新技术。这种创新和冒险精神有助于推动经济的发展,为经济增长注入新的活力。创业活动不仅能够激发市场的竞争力和活力,还能为社会创造更多的财富和价值。

第三,成功的创业项目还能吸引更多的人才和资源,进一步促进经

济的繁荣。当一个创业项目获得成功时,它往往能吸引更多的人才加入,形成规模效应。同时,成功的创业项目也能吸引更多的投资,为企业的发展提供更多的资金支持。

第四,创业能提高个人的技能和能力。创业过程中需要面对各种挑战和问题,这要求创业者具备丰富的技能和知识。在创业过程中,创业者需要学习如何管理团队、如何制订商业计划、如何进行市场营销等。这些经验和技能不仅有助于提高个人的就业竞争力,也能为未来的职业发展打下坚实的基础。

2. 创业可以获得财富

创业不仅是一种解决就业问题的有效手段,也是实现财富积累的重要途径。通过创业,个人或企业可以追求更高的经济回报,实现财富的增值。

第一,创业提供了创造财富的机会。创业者通过创办自己的企业或开展自己的项目,可以获得经济回报。这种回报可能来自产品销售、服务收费、广告收入等各种形式,从而为创业者带来经济收益。在创业过程中,如果能够准确把握市场需求,创新商业模式,或者发掘独特的商业机会,就有可能获得更高的利润和回报。

第二,创业是一种长期的财富积累过程。成功的创业项目不仅可以获得短期的经济回报,还可以通过持续的经营和发展,实现长期的财富积累。随着企业的成长和壮大,创业者可以获得更多的收益和回报,从而实现财富的增值。这种长期的财富积累过程可以为创业者提供更多的经济保障和安全感。

第三,创业还可以带来其他形式的财富。除了经济收益之外,创业还可以带来其他形式的财富,如个人成长、职业发展、社会地位等。通过创业,创业者可以提升自己的技能和能力,拓展人际关系,提高自己的职业声誉和社会地位。这些财富形式虽然难以用金钱衡量,但对于个人的全面发展和社会地位的提升却具有重要意义。

当然,创业过程中也存在风险和不确定性。创业并非一定能够成功,也并非一定能够获得高回报。创业者需要具备市场洞察力、创新思维、组织能力等多方面的素质,同时也需要面对市场风险和不确定性。因此,在选择创业时,需要充分评估自己的能力和市场需求,制订合理的

第七章 高等教育的就业、创业管理研究

商业计划和风险管理策略。

3. 创业有利于培养个人的创新精神

创新是一个民族、一个国家持续发展的核心动力。它不仅关乎科技的进步、经济的繁荣,更关乎文化的传承、社会的进步。创新精神,作为创新活动的内在驱动力,是推动民族与国家发展的关键因素。

创新精神的核心在于勇于探索、敢于突破。它激发了个体的创造力,推动人们不断探索未知的领域、挑战现有的认知。在创业过程中,创业者常常需要面对复杂多变的商业环境、激烈的市场竞争以及各种难以预料的挑战。这些情境要求创业者具备创新思维,不断地寻找新的机会、创造新的价值。

创新精神在创业过程中体现为对市场变化的敏锐洞察、对技术革新的不断追求以及对商业模式持续优化的探索。创业者需要不断地学习新知识、掌握新技能,从而更好地应对市场变化和满足客户需求。他们需要敢于尝试新的方法和策略,不怕失败,勇于承担风险。正是这种创新精神促使创业者不断地突破自我、超越自我,推动企业持续发展。

创新精神对于个人成长也具有重要意义。在创业过程中,个体需要不断地拓展自己的知识领域、提高自己的技能水平、增强自己的综合素质。通过不断地尝试和探索,个体可以培养出独立思考、解决问题的能力,并增强自信心和责任感。这种创新精神不仅有助于个体在创业过程中取得成功,也为其未来的职业发展提供了广阔的空间。

4. 创业可以最大限度地实现个人的人生价值

创业不仅是一种商业行为,更是一种对自我价值的追求和实现方式。通过创业,个人可以最大限度地发挥自己的潜能,将个人的人生价值最大化。

第一,创业需要付出大量的努力和汗水。成功的创业不仅需要创新的想法和商业模式,更需要持续的努力和付出。在创业过程中,创业者需要不断地学习新知识、掌握新技能,提高自己的综合素质。同时,他们还需要克服各种困难和挑战,保持坚定的信念和毅力。这种努力和付出的过程,不仅能够让创业者实现自己的创业目标,更能够让他们在实践

中不断成长和提升自己的能力。

第二,创业需要发挥创造力、创新精神和实践能力。创造力是创业的源泉,创新精神是推动创业者不断前进的动力,而实践能力则是将想法转化为现实的关键。在创业过程中,创业者需要不断地探索新的领域、尝试新的商业模式、开发新的产品或服务。这种创造和创新的过程,不仅能够为创业者带来商业上的成功,更能够为社会创造更多的价值。通过实践,创业者可以将想法转化为现实,为社会带来实质性的贡献。

第三,创业可以让创业者更好地实现自我价值。每个人都有自己的梦想和追求,而创业是实现这些梦想和追求的一种有效方式。通过创业,创业者可以为自己和社会创造更多的价值,从而实现自己的人生价值。同时,创业的成果可以为创业者带来成就感和满足感,让他们感受到自己的价值和意义。这种成就感和满足感不仅能够提高创业者的幸福感和生活品质,更能够激励他们不断地追求更高的目标。

总之,创业是一种能够让人充分发挥自己潜力和实现个人价值的活动。通过创业,个人可以最大限度地发挥自己的潜能、创造力和创新精神,为社会创造更多的价值。同时,创业也能够让创业者更好地实现自我价值、获得成就感和满足感,从而提高个人的幸福感和生活品质。因此,创业是实现个人人生价值的重要途径之一。

第二节 大学生就业管理的策略

一、制订职业生涯规划

制订职业生涯规划的步骤如下。

(一)确定志向

确定志向实际上就是一种决策的过程,也就是说人们在某一领域中具有了一定的经验之后,就对其形成了自己的看法。大学生在制订职业生涯规划中确定志向这一个步骤实际上就是一种决策的过程,也就是从

第七章 高等教育的就业、创业管理研究

对各种职业形成了自己的看法开始的。从表面上来看,大学生的社会经验较少,能够接触的职业不多,所以也就没有对职业的看法可言。但实际上,职业经验也可以通过间接因素获得,如家庭环境、对知识的某种喜好、后天接受教育的情况等,大学生通过这些因素的影响,能够对一些职业具有间接的经验,正是通过这些间接的经验,大学生可以对一些职业形成自己的看法,根据自己的这些看法,从而形成对职业的认识,最终确定自己的志向。

（二）自我评估

自我评估就是通过各种手段从各个方面充分了解自己,既要看到自己的优点,又要直面自己的缺点。在职业生涯规划制订的过程中,自我评估是非常重要的一个步骤,对职业生涯规划能否成功具有重要影响。在自我评估的过程中,应该全方位了解自己,可以结合自己的在校表现以及老师和同学的评价等了解自己。需要注意的是,在自我评估的过程中一定要客观、冷静、全面,只有这样,才能保证自我评估的有效性。

（三）职业生涯机会评估

职业生涯机会的评估是一个关键的环节,它关乎个人职业规划和职业选择的成功与否。职业生涯机会的评估是一个多维度的过程,需要综合考虑行业趋势、教育及培训机会、政策环境、技术环境和经济环境等多个因素。通过深入分析和科学评估这些环境因素对个人职业生涯的影响,我们可以做出更明智的职业规划和选择,为未来的职业发展奠定坚实基础。

（四）职业选择

职业选择实际上是在职业范围内众多的相关职业中进行选择的过程,职业选择正确与否,直接关系到事业的成功与否,同时也对人生的幸福具有重要影响。概括来说,大学生在进行职业选择时应考虑以下要素。

第一,个人是否具有相关方面的知识积累。

第二,是否能够从所选择的职业中获得成就感。

(五)设定职业生涯目标

对于个体来说,在所制订的职业生涯规划中,一定要有切实可行的目标,只有设定了目标,才有为之而奋斗的方向和动力,也才能排除各种干扰,保证目标的实现。

(六)职业生涯路线的选择

在确定了职业生涯目标之后,选择一条合适的路线去实现这些目标至关重要。对于每个人来说,职业生涯路线都是独特的,通过了解自己的兴趣和优势、市场需求、教育和培训机会等因素,可以制订出适合自己的职业生涯路线,并在必要时进行灵活调整,以更好地实现自己的职业目标。

(七)制订行动计划及措施

行动计划是由长期和短期两方面组成的,长期行动计划由于时间太长,所以中间存在很多不确定的因素,所以,可以通过制订短期的行动计划来一步步地实现自己的长期目标。需要注意的是,所制订的每一个短期行动计划都应该有明确的内容和目标,只有这样,才能在每一次的成功中看到希望,或者从失败中获得经验,最终实现自己的目标。

(八)评估与调整

基本上每一份职业生涯规划都不是一成不变的,都需要根据实际情况进行相应的评估与调整。这样才能保证职业生涯规划具有现实指导意义。

二、正确认知自我

自我认知是对自己各个方面的深入了解与再认识,是对自身资源的整理与发掘的过程。

(一)兴趣认知

兴趣是指一个人经常或反复地对某一事物或活动产生的心理上的爱好或喜好的情感。

兴趣与生涯发展之间的关系是非常密切的,这主要表现在以下几方面。

第一,兴趣能够帮助个体更好地认识自我,了解自己的优势和不足,从而制订适合自己的职业规划和发展方向。

第二,兴趣能够激发个体的好奇心和探索欲望,从而有助于个体更加主动地去学习和发展自己的潜能。

第三,兴趣还可以为个体提供一种内在的动力和支持,让他们在面对困难和挑战时坚持下去,不断追求自己的目标。

第四,兴趣也能够促进个体的社交互动和人际沟通能力,让他们在工作中与同事、客户等人建立良好的关系,从而更好地实现自己的职业理想。

第五,兴趣还能够为个体带来成就感和满足感,让他们在完成自己的任务和目标时感受到自己的价值和意义。这种成就感和满足感又会反过来强化个体的兴趣和动力,形成一个良性的循环。

因此,可以说兴趣是个体生涯发展的重要驱动力之一,它能够激发个体的学习热情、社交互动和自我效能感,为个体的职业生涯打下坚实的基础。

(二)性格认知

性格是一个人对现实所持有的稳定态度,以及与这种态度相应的、习惯化了的行为方式中表现出来的人格特征。

性格与职业之间的关系是非常密切的。每个人的性格都有其特点和优势,这些特点和优势可以帮助个人在不同的职业领域中取得成功。具体来说,一些职业需要个体具有较强的沟通能力、创造力、适应性和坚韧性等性格特质,而另一些职业则需要从业者具有稳重、细心、责任心和执行力等性格特质。

例如,管理者通常需要具备决策能力、人际沟通能力和情绪管理能力等性格特质,而技术专家则可能需要具备较强的逻辑思维、创新能力、实践经验和解决问题的能力等性格特质。此外,不同的职业对于员工的自我认知和自我激励能力也有不同的要求,例如销售人员需要具备积极的自我推销和谈判技巧,而科研人员则需要具备良好的学习能力。

因此,了解自己的性格特点并将其与职业要求相匹配,可以提高个人在职场中的竞争力和成功概率。

(三)能力认知

能力指的是做事的本领,反映了个体在某一工作中完成各种任务的可能性。

一个人的能力可以影响他在职场中的表现和发展,而职业则是个人所从事的具体工作。

1. 一个人的能力可以帮助他更好地适应职业环境和要求

一个人的能力包括专业知识、技能、英语能力、计算机应用能力等,这些能力可以让他更加熟练地掌握工作技能和知识,更好地完成工作任务。此外,一个人的能力也可以反映出他的学习能力、创新能力、解决问题能力、沟通能力等个性特征,这些特征可以让他在职场中更加有竞争力,并且更容易取得成功。

2. 职业对个人能力提出了具体的要求

不同的职业对能力的要求也有所不同,比如需要具备某些特定的技能、经验、背景等。因此,大学生在选择职业时,应该根据自己的能力和兴趣进行综合考虑,找到最适合自己的职业方向。

3. 能力与职业之间的关系还体现在职业发展上

随着社会的不断发展和变化，职场中的要求也在不断变化。一个人的能力可以帮助他更好地适应职业发展的趋势和要求，从而实现职业发展和个人价值的双赢。

因此，我们可以看到能力与职业之间的关系是相互依存、相互影响的。一个人的能力可以帮助他更好地适应职业环境和要求，而职业则是个人所从事的具体工作。在职场中，个人的能力可以为他们的职业发展带来优势，而职业发展又可以促进个人能力的提升和发展。

三、做好就业准备

（一）就业知识的准备

大学生合理的知识结构应当包括以下几个方面。

1. 扎实的专业基础知识

对于大学生来说，扎实的专业基础知识是未来进一步深造和从事相关工作的前提条件。

2. 广泛的人文社会科学知识

人文社会科学知识的学习可以帮助大学生更好地了解人类历史、社会制度、道德伦理、文化艺术等方面的知识，这些知识对于大学生的综合素质提高和职业发展都有着不可替代的作用。

3. 丰富的自然科学知识

自然科学知识的学习对于理工科类的大学生来说尤为重要，因为现代科技领域的发展越来越依赖于对自然规律的探索和应用。虽然与人文社会科学知识相比,自然科学知识的实用性可能相对较低,但是通过系统的学习,可以培养大学生的创新意识和实践能力。

4.实践性知识

实践性知识是指那些直接来源于实际工作或生活场景的知识,例如课程设计、毕业论文、实习经验等。尽管这些知识与理论知识相比可能略显枯燥,但是通过实践性知识的学习,可以使大学生更好地了解行业内的实际情况和工作流程。

5.跨学科的综合知识

随着社会的发展和各个领域之间的交叉融合,跨学科的综合知识变得越来越重要。因此,大学生应当注重学习多学科的知识,例如经济学、管理学、法学、心理学、教育学等,这样可以使他们在未来的职业生涯中更好地适应不同领域的需求。

(二)就业能力的准备

就业能力准备主要包括以下内容。

1.通用能力

通用能力是指在一定范围内不受学科、专业和岗位限制的通用性知识和技能。它是企业选拔和培养人才的重要标准之一。概括来说,通用能力主要包括自学能力、社会适应能力、人际交往能力、决策能力、表达能力和组织管理能力。

2.专业能力

专业能力是一种深度的知识储备和技能积累,可以帮助人们在各种情况下快速、准确地解决问题,并且具有普遍适用性和可迁移性。

(1)专业基础理论知识

专业基础理论知识是指在某个特定的学科或领域中,需要掌握的基本概念、原理和方法。

(2)专业基本技能

专业基本技能是指在某个特定的领域或行业中,需要掌握的基本技术和方法。

3.创新能力

创新能力是指在掌握某种知识和技能的基础上,运用已有的思维模式、方法和资源,产生具有一定社会价值或个人价值成果的能力。

(三)就业材料的准备

毕业生在准备就业材料时,主要是为了向用人单位展示自己的能力情况和就业意向,以便能够争取到面试或笔试的机会。这些材料可以帮助用人单位了解毕业生的基本情况和综合素质,从而决定是否录用该毕业生。

就业材料通常包括封面、毕业生推荐表、求职信、个人简历、在校期间学习成绩单及其他辅助材料如获奖证书。

在制作就业材料时,毕业生需要注意以下几点。

1.突出自己的优势

毕业生需要在求职材料中突出自己的优势,包括专业知识、技能、实践经验、社会实践等方面的优势,以便能够吸引用人单位的注意。

2.简明扼要

毕业生的求职材料应该简明扼要,重点突出,让用人单位能够在短时间内了解到自己的优势和价值。

3. 真实准确

毕业生在制作就业材料时,需要保证材料的真实性和准确性,避免使用虚假信息或者夸大自己的能力。

4. 精心制作

毕业生需要精心制作自己的求职材料,包括排版、字体、图片等方面的细节,以便给用人单位留下良好的第一印象。

四、掌握就业技巧

大学生要想顺利就业,除了具备扎实的基础知识外,还需要掌握一些求职的基本方法与技巧。比如,要了解求职的礼仪、掌握笔试及面试的技巧等。

(一)了解求职的礼仪

礼仪是一个人道德修养的外在表现,也是一个国家社会文明的标志。在社会交往中,礼仪可以表达与被表达者的相互尊重,体现着一个社会的文明程度,促进社会关系的和谐。

1. 女生求职时的着装礼仪

女生求职时的着装礼仪需要注意以下几点。

第一,女士应根据年龄,选择一套剪裁得体的服装,可以是套装或者是套裙,颜色应与年龄相符,会让整个人显得高雅而有气质。

第二,女士在求职中对于服装颜色的选择是多种多样的。黑色能够表现出严谨稳重;红色能够表现出开朗自信的个性;黄色能够表现出丰富的想象力。女性面试服装颜色选择中最好避开粉红色,粉红色容易给人幼稚、不成熟的印象。

第三,作为一个步入职场的女性,白色衬衣是衣橱中必不可少的。

在面试中最好在长袖外套中搭配白色的长袖衬衣。

2. 男生求职时的着装礼仪

男生面试的着装礼仪如下。

第一,面试时着装要合体,给面试官留下良好的第一印象。

第二,男士服装的颜色应该以黑色、灰色或者深蓝色为主,这些颜色在任何场合穿都不会失态。

第三,新衣服会带来新气象的心理暗示,但面试时新衣服容易带来新的紧张和不安,最好先在家里试一下,以免效果不佳。

第四,虽然西装是比较传统的面试服装,但其他非正式的面试服装也可以接受,比如T恤、牛仔裤等,只要能传达出自信和职业化的形象即可。

第五,穿球鞋、休闲鞋或皮鞋都可以,但要保证鞋子干净、整洁,不能有灰尘。

第六,手部和指甲的修饰也是面试着装礼仪中的一个重要部分,作为男士,一定注意手部的卫生,不能留长指甲。

(二)掌握笔试的技巧

笔试是一种测试应聘者学识水平的重要方式,通过填写答卷的方式考核应聘者的知识和技能。笔试可以在短时间内考核应聘者的知识水平和能力,是人才选拔的重要环节。在笔试时,需要做到以下几方面。

1. 保持卷面整洁

招聘单位在招聘过程中,通常会优先考虑那些书写工整、卷面整洁的应聘者。因此,如果你想在求职笔试中脱颖而出,一定要保持卷面整洁。

2. 先易后难,先简后繁

在求职笔试时,应该先易后难,先简后繁。这样可以保证你在规定时间内答完试卷,并尽可能地保证答案的准确性和全面性。

3. 积极思考，回忆联想

在笔试答题时，应该积极思考，回忆联想，将所学知识和技能运用到试题中。在回答问题时，可以先从大脑中搜索相关的知识和技能，然后将其与试题中的问题进行匹配。这样可以确保你的答案切中要点，同时也可以提高答题的准确性和全面性。

4. 精心审题，字迹清楚

在审题时，应该先仔细阅读题目和问题，理解试题的具体要求和考察点。然后，在答题时，要按照试题要求，逐一回答每个问题。回答问题时，应该使用正确的语法和表达方式，避免出现语法错误和拼写错误。

在书写答案时，应该保持字迹清晰，不要过于潦草。字迹清晰可以让招聘单位更好地阅读你的答案，同时也可以提高你的答题效率和卷面整洁度。

5. 不留空白

在笔试答题时，应该尽量避免留空白，写出完整、准确、有说服力的答案。

6. 控制时间

在笔试答题时，应该控制时间，避免因为时间不够用而导致答案不完整或不准确。每道题目的答题时间应该控制在规定的时间内，开始答题后要迅速回答问题，不要在一道题目上浪费太多时间。

（三）掌握面试的技巧

面试是一种经过组织者精心策划的招聘活动，是公司挑选职工的一种重要方法。

在面试过程中，需要注意以下事项，以提高面试的效果和成功率。

第一,面试时要保持自信、积极向上的态度,面带微笑,自然大方地回答问题。

第二,在面试时,要展现出自己的知识渊博和实践经验丰富,能够胜任相关岗位的工作。

第三,在面试前,要对自己应聘的岗位和公司有一定的了解,以便在面试时能够提出相关的问题,并且能够根据公司的需求,提出合理的建议和解决方案。

第四,面试时要展现出自己的团队合作精神,能够与他人协作,完成工作任务。

第五,在面试时,要善于沟通、表达能力强,能够清晰地表达自己的观点和想法,并且能够根据现实情况,调整自己的回答方式。

第六,在面试时,要展现出自己的思维敏捷、反应灵活,能够快速地适应各种情况,并且能够提出创新性的解决方案。

第六,在面试时,要展现出自己的责任心和进取心,能够承担相关岗位的工作,并且能够为公司的发展作出积极的贡献。

第七,在面试时,态度要积极主动,能够配合公司的工作安排和调配,并且能够在工作中发挥主动性和创造性。

第八,在面试时,要展现出自己的诚实守信和忠诚可靠的品质,能够遵守公司的规章制度。

第九,在面试时,要展现出自己的适应能力强、能够快速学习的特点,能够快速适应公司的文化和工作环境,并且能够在短时间内融入团队,发挥自己的潜力。

第三节 大学生创业管理的策略

一、做好创业准备

(一)知识准备

创业者应具备的知识包括以下几方面。

1. 人文基础知识

人文知识的学习和积累对于创业者来说十分重要。创业者需要具备创新思维和实践能力,同时还需要具备强烈的事业心、责任感和团队合作精神。人文知识的学习和积累可以帮助创业者更好地理解这些方面的素质要求。

2. 专业知识

创业者需要做好专业知识的准备,以便在创业过程中快速应对挑战、解决问题,从而更好地把握市场机会,提高创业成功率。

3. 合法的开业知识

(1)了解有关私营及合伙企业、有限公司的法律法规

创业者需要了解私营企业的法律法规,如《中华人民共和国私营企业暂行条例》《中华人民共和国合伙企业法》等,以便知道自己的企业属于哪种类型,并在经营过程中遵守相关的法律法规。

(2)了解怎样进行验资

创业者在创建企业时,需要进行验资,以确保企业的资本充足。创业者需要了解验资的程序和要求,以便顺利进行验资。

(3)了解怎样申请开业登记

创业者需要了解开业登记的程序和要求,如何办理营业执照等相关文件。

(4)了解税务登记程序

创业者需要了解企业在设立后需要进行的税务登记,包括纳税人识别号的申请、纳税申报等程序,以便在经营过程中依法纳税。

4. 税收知识

(1)了解企业所得税法

企业所得税是创业者需要重点关注的税种之一。创业者需要了解

企业所得税的计算方法、税率等相关知识,以便在企业经营活动中合理规划收入和支出,减少应缴纳的企业所得税。

(2)了解个人所得税法

个人所得税是创业者需要重点关注的另一个税种。创业者需要了解个人所得税的计算方法、税率等相关知识,以便在企业经营活动中合理规划员工薪酬和个人所得,减少应缴纳的个人所得税。

(3)了解增值税法

增值税是创业者需要缴纳的另一种主要税种。创业者需要了解增值税的计算方法、税率等相关知识,以便在经营活动中正确申报纳税,避免因为税务问题导致的经营风险。

(4)掌握税务申报技巧

创业者需要了解企业所得税、增值税等税种的申报流程和要求,以便在规定的时间内及时申报纳税,避免因为申报不及时导致的税务问题和罚款。

5. 法律知识

(1)了解公司法相关知识

创业者需要了解公司法的相关规定,如公司的设立、注册、运营、监管等方面的知识。这有助于创业者建立规范的公司结构和运营模式,保护自身权益。

(2)了解劳动法相关知识

创业者需要了解劳动法的相关规定,如劳动合同的签订、终止和解除等,以及劳动者的权利和义务。这有助于创业者规范用人行为,避免劳动纠纷的发生。

(3)了解合同法相关知识

创业者需要了解合同法的相关规定,如合同的订立、履行、变更、解除等方面的知识。这有助于创业者规范合同行为,避免合同纠纷的发生。

(4)了解知识产权法相关知识

创业者需要了解知识产权法的相关规定,如专利、商标等知识产权的相关知识。这有助于创业者保护自己的知识产权,同时也能避免因为侵犯他人的知识产权而导致经营的风险。

（5）了解税法相关知识

创业者需要了解税法的相关规定，如增值税、企业所得税等税种的相关知识。这有助于创业者合理规划企业的财务和经营活动，避免因为税务问题导致的经营风险。

6. 营销知识

（1）了解市场营销基础知识

创业者需要了解市场营销的基础知识，如市场调研、消费者行为分析、品牌建设和促销策略等方面的知识。这有助于创业者制订有针对性的营销策略，提高企业的知名度和市场份额。

（2）掌握网络营销技巧

创业者可以掌握一些网络营销技巧，如社交媒体营销、电子邮件营销和搜索引擎优化等，以便更好地推广企业的产品和服务，吸引更多的客户。

（3）学习市场竞争分析

创业者需要学习市场竞争分析的相关知识，如竞争对手分析、市场份额占有率分析和产品定位分析等方面的知识。这有助于创业者了解市场竞争环境，调整经营策略，提高企业的竞争力。

（4）了解客户关系管理

创业者需要了解客户关系管理的相关知识，如客户服务、满意度管理和客户关系维护等方面的知识。这有助于创业者维护好客户关系，提高客户满意度和忠诚度，促进企业的长期发展。

7. 管理知识

第一，创业者需要了解企业战略管理的相关知识，如战略规划、执行和评估等方面的知识。这有助于创业者制订明智的战略，引领企业在市场中取得成功。

第二，创业者需要了解市场营销管理的相关知识，如市场调研、产品定位、广告宣传和销售渠道等方面的知识。这有助于创业者制订有效的市场营销策略，扩大企业的影响力和市场份额。

第三，创业者需要了解人力资源管理的相关知识，如招聘、培训、绩效考核和薪酬福利等方面的知识。这有助于创业者建立高效的人力资源管理体系,激励员工,提高企业的员工素质。

第四,创业者需要了解财务管理的相关知识,如财务报表分析、成本控制、资金筹措和投资决策等方面的知识。这有助于创业者掌握企业的财务状况,提高企业的财务效益。

(二)能力准备

大学生创业应具备的能力包括以下几方面。

1. 协调能力

大学生创业过程中需要具备多种协调能力,以便与企业内部、外部的各种人员建立良好的合作关系,推动企业的发展。

2. 领导能力

创业者需要具备恰到好处的领导能力,只有做到人尽其才,才能让企业获得更大的发展。

3. 判断能力

判断力是管理和决策的基础。在创业过程中,判断力是必不可少的,因为复杂多变的环境需要创业者有良好的判断力来把握事物的发展。

创业过程中的收益和风险总是并存的。在创业过程中,创业者需要对风险做出判断,并根据自己的风险偏好做出决策。如果没有判断力,创业者就无法做出明智的决策,也就无法规避风险,使企业获得成功。

4. 人际交往能力

良好的人际交往能力是创业者必备的能力之一,它可以帮助创业者建立广泛的人脉关系,获取各种有价值的信息,提高决策效率,促进企业的发展。

5. 决策能力

创业活动中的每个阶段都需要创业者进行决策。创业项目的选择需要考虑多方面因素,如市场前景、竞争环境、自身优势等;企业产品的定位需要考虑目标受众、产品特点、市场定位等;企业的发展战略需要考虑市场拓展、产品研发、资金运营等;企业的商业模式需要考虑产品销售、客户服务、市场推广等;盈利模式需要考虑产品定价、成本控制、销售渠道等。

6. 合作能力

创业者不仅需要与创业伙伴、雇员合作,还需要与各种企业发展有关的机构合作,如投资者、政府机构、行业协会等。此外,创业者还需要与同行业的竞争者合作,以获取更多的市场机会和资源。因此,创业者需要具备良好的合作意识和能力,共同实现企业的发展目标。

7. 经营管理能力

创业者应具备经营管理能力,这是成功创业的重要条件之一。经营管理能力包括多个方面,如经营战略的制订与实施、市场营销、人员管理、财务管理等。成功的创业者不仅需要有开拓创新的精神和勇气,还需要具备经营管理能力,才能够有效地领导企业发展,实现创业成功。

(三)心理准备

创业者应具备的心理准备主要包括以下几方面。

1. 独立与合作的创业观念

独立与合作的创业观念是指创业者应该具备的心理品质和行为特征,既要有独立思考、自主行为的能力,又要能够与他人合作,共同实现创业目标。

2. 敢为与克制的创业精神

创业者需要同时具备敢为和克制两种创业精神。创业者需要在创业过程中,既敢为又善于克制,既要有胆量,又要有头脑,把握好创业的节奏和方向,实现创业目标。

3. 良好的适应性

适应性是创业者成功的关键因素之一。创业者需要不断调整自己的心态和行为,适应市场的变化和环境的变化,从而保持竞争优势。

二、识别创业机会

创业机会识别的基本条件包括以下几个方面。

(一)创业愿望

创业愿望是创业者进行创业活动的内在动力和原始动力,是创业机会识别的前提和基础。只有具备强烈的创业意愿,才会主动去寻找和识别创业机会。

(二)创业能力

创业者需要具备一定的创新能力、市场洞察力、资源整合能力和风险承受能力等创业能力,这是创业机会识别的基础和保障。

(三)资源条件

创业者需要具备充分的人力、财力、物力等资源条件,这是创业机会识别的物质基础。创业者需要具备一定的经验、学历、流动资金等,同时还需要具备充足的时间和精神等资源。

(四)市场机会

创业机会是在市场中存在的,因此,市场机会是创业机会识别的重要前提。创业者需要关注市场动态,发现市场中的潜在机会,关注竞品和行业发展趋势,及时抓住机会。

(五)环境条件

创业者需要具备适宜的环境条件,如市场空间、政策支持、社会资本等,这是创业机会识别的外部条件。创业者需要关注市场环境、政策环境、社会环境等,以便及时发现和利用各种创业机会。

(六)创业动机

创业动机是推动创业者进行创业活动的精神动力,是创业机会识别的内在动力。只有具备强烈的创业动机,才会积极主动地去寻找和识别创业机会。

(七)个人素质

创业者需要具备良好的个人素质,如诚信、勤奋、耐心、毅力等,这是创业机会识别的个人基础。创业者需要具备良好的个人形象和社交技巧,能够与他人建立良好的合作关系,并吸引潜在客户。

三、建设创业团队

建设创业团队的步骤如下。

第一,制订创业策略和目标。创业者需要明确创业的目标和愿景,制订创业策略和计划,包括创业方向、市场调研、竞争分析、商业模式设计等方面。这些步骤是创业成功的关键步骤,可以帮助创业者更好地了解市场和消费者需求,制订适合的商业模式和策略,从而更好地推动创业项目的发展。

第七章　高等教育的就业、创业管理研究

第二，招募合伙人。创始合伙人是创业团队的核心成员，他们将共同致力于创业项目的发展，制订创业策略和计划，并领导团队推动项目的实施。

第三，组建团队核心骨干。创业者需要以创业策略和目标为基础，招募团队核心骨干，包括技术、市场、运营、财务等方面的人才。创始合伙人和核心骨干成员将共同制订创业策略和计划，并领导团队推动项目的实施。

第四，建立管理和培训体系。创业者需要建立完善的管理和培训体系，对团队成员进行岗位培训和职业培训，提高团队的整体素质和能力。

第五，打造好团队。创业者需要逐步建立完善团队的制度、流程、标准、机制、文化等，打造出一支具有高度凝聚力和执行力的创业团队。

第六，制订制度和流程。创业者需要制订完善的制度和流程，规范团队的管理和运营，确保创业团队的稳定和发展。

第七，管理风险和变化。创业团队面临着各种风险和变化，创业者需要具备应对风险和变化的能力，及时调整和应对团队面临的挑战和变化。

四、筹措创业资金

创业融资是指创业企业的资金筹集行为和过程，即创业公司根据自身的资金状况、生产经营状况以及公司未来经营发展的需要，通过科学的预测，采用一定的方式从一定的渠道向债权人或投资者去筹集资金保证公司正常生产经营活动需要的行为。创业融资的渠道有很多种，以下是一些常见的渠道。

（一）个人资金

对于大学生创业者来说，个人资金往往来源于父母的资金支持以及自身资金的积累。拥有足够的个人资金避免了从外部寻找投资者所占用的大量的精力、时间和费用。对于大学生创业者来说，这些时间和费用是非常宝贵的。他们可以将这些时间和费用投入创业项目的推广和发展中，从而更快地实现自己的创业梦想。

(二)亲友资金

亲友资金是一种重要的创业融资来源,因为它具有以下优点。

第一,亲友之间的借款不需要太多的文书手续,也不需要担保或抵押,这大大简化了融资的流程。

第二,亲友之间的关系通常比较紧密,他们可能更容易接受借款人的创业计划,并愿意提供支持和帮助。

第三,由于亲友之间的信任和了解,他们可能更愿意提供高额的投资,这有助于新创企业快速发展。

第四,亲友之间的支持可能会带来其他的好处,比如市场营销、品牌推广、客户资源等,这些都能够为新创企业带来更多的机会和竞争优势。

然而,亲友资金也存在一些缺点。

第一,亲友之间的借款也存在一定的风险,当借款人无法按时还款时,这会影响到亲友乃至整个家庭之间的感情和交往。

第二,亲友之间的借款可能会带来沟通和协调上的困难,因为借款人和创业者之间可能存在差异和分歧,需要双方进行有效的沟通和协调。

第三,亲友之间的借款可能会受到家庭和社交圈子的影响,如果借款人不愿意提供支持和帮助,这可能会对创业者的融资造成不利影响。

因此,大学生创业者在选择亲友资金作为融资来源时,需要仔细评估风险和收益,并在融资前与亲友进行充分的沟通和协商,以确保借款的安全和有效性。

(三)天使投资

天使投资是一种早期投资形式,通常由有经验的投资人或天使投资机构为初创企业提供资金。天使投资人不会参与企业的日常运营,但会在企业扩张时提供更多的资金支持。

(四)风险投资

风险投资是一种提供长期资金支持的形式,通常由专业的风险投资

第七章　高等教育的就业、创业管理研究

机构为初创企业提供资金。风险投资人会参与企业的战略决策,并帮助企业快速成长。

(五)创业融资比赛

创业融资比赛是一种为初创企业提供资金的活动,通常由专业的投资人或创业服务机构组织。参赛者需要提交商业计划书,并经过评审团的评估和筛选,才能获得融资支持。

五、识别创业风险

创业风险是指在企业创业过程中存在的风险,是指由于创业环境的不确定性、创业机会与创业企业的复杂性,创业者、创业团队与创业投资者的能力与实力的有限性而导致创业活动偏离预期目标的可能性。创业风险是来自与创业活动有关因素的不确定性。可以通过以下步骤来识别创业风险。

第一,确定创业目标和商业模式。创业者需要明确自己的创业目标和商业模式,确定创业方向和市场定位。

第二,收集和分析市场信息。创业者需要收集和分析市场信息,包括市场需求、竞争情况、行业趋势等方面的信息,以便对市场和创业环境进行深入的了解。

第三,评估技术可行性。创业者需要评估所使用的技术、工具和流程是否适用于创业环境,以及技术上是否存在风险和挑战。

第四,分析财务风险。创业者需要分析企业的财务状况,评估财务风险和稳定性,制订相应的财务管理策略。

第五,识别管理风险。创业者需要识别企业的管理风险,包括管理层变动、组织架构调整、员工培训等方面的风险,制订相应的管理策略。

第六,评估人力资源风险。创业者需要评估企业的人力资源状况,包括员工素质、招聘、培训、绩效管理等方面的风险,制订相应的人力资源策略。

第七,持续监测和调整。创业者需要对创业风险进行持续监测和调整,根据实际情况和创业环境的变化及时调整风险应对策略。

六、管理新创企业

（一）新创企业的财务管理

财务管理是在整体目标下，关于企业资产的购置（投资），资本的融通（筹资）和经营中现金流量（营运资金），以及利润分配的管理。财务管理是企业管理的一个组成部分，它是根据财经法规制度，按照财务管理的原则，组织企业财务活动，处理财务关系的一项经济管理工作。简单来说，财务管理是组织企业财务活动，处理财务关系的一项经济管理工作。

在对新创企业的财务进行管理时需要遵循以下几个原则。

1. 成本—效益原则

成本—效益原则是企业财务管理的核心原则之一，要实现盈利性目标，企业必须在整个财务管理活动中贯彻成本—效益原则，追求产值或利润最大化，但这必须建立在合适的成本基础之上。企业需要通过对成本的有效管理来实现最大的收益，同时避免过高的成本支出对企业的盈利产生负面影响。

2. 风险与收益均衡的原则

创业者在进行投资决策时需要考虑到风险因素，并在可承受的风险范围内进行投资决策。在进行投资决策时，创业者需要对各种风险因素进行深入研究和仔细分析，以便做出明智的决策。同时，创业者还需要对自己的投资能力和风险承受能力进行深入评估，确保自己有足够的资金和能力应对各种风险和挑战。最后，创业者需要根据自己的实际情况和创业环境的变化，及时调整自己的投资决策，以保证创业活动的成功。

第七章　高等教育的就业、创业管理研究

3. 资源合理配置原则

从资源配置角度来说，企业是将筹集到的财务资源进行再组合、再分配的一个组织，理想状态下，这应该是达到最优组合，发挥组织最大效用的组织。在创业企业中，资源配置对于企业的成功至关重要。创业企业需要在资源配置方面下足功夫，以确保其能够获得最大的收益并实现盈利性目标。

（二）新创企业的人力资源管理

1. 新创企业需要构建一个高效、有凝聚力的团队

在创业初期，企业面临诸多挑战，拥有一支能够共同应对挑战、相互支持的团队至关重要。通过建立良好的企业文化和人才培养机制，可以增强团队的凝聚力和执行力，从而提高企业的整体竞争力。

2. 新创企业需要制订合理的人力资源战略

企业需要根据自身的发展战略和市场环境，制订相应的人力资源战略。这包括招聘和选拔合适的人才、建立有效的培训和激励机制、优化组织结构和流程等。合理的人力资源战略能够为企业提供稳定的人才支持，推动企业的可持续发展。

3. 新创企业需要重视员工培训和发展

随着市场的不断变化和企业的不断发展，员工需要不断更新知识和技能以适应新的挑战。新创企业需要关注员工的职业发展需求，提供适当的培训和晋升机会，激发员工的潜力和创造力，从而提升企业的整体绩效。

4.新创企业需要建立良好的劳动关系

和谐的劳动关系能够提高员工的工作满意度和忠诚度,降低人员流失率。新创企业需要尊重员工的权益,建立公正的薪酬和福利制度,以及有效的沟通机制,促进员工参与和投入,营造良好的工作氛围。

参考文献

[1] 谢建立. 新形势下大学生教育管理的内容体系研究 [M]. 北京：中国水利水电出版社, 2017.

[2] 曹建平, 郭海娟, 毛佳丽. 新形势下的教育管理体系构建 [M]. 北京：中国书籍出版社, 2021.

[3] 钟亮. 现代高校教育之理性思考 [M]. 长春：吉林人民出版社, 2019.

[4] 杨德广. 高等教育管理学 [M]. 上海：上海教育出版社, 2006.

[5] 邹松建. 高职院校教师人力资源管理 [M]. 成都：电子科技大学出版社, 2009.

[6] 刘诚芳. 现代高校教师人力资源管理 [M]. 北京：民族出版社, 2007.

[7] 胡永新. 教师人力资源管理 [M]. 杭州：浙江大学出版社, 2008.

[8] 周春玲. 大数据背景下的高职院校教师管理理论与实践 [M]. 北京：中国水利水电出版社, 2019.

[9] 连建华. 学校教学质量管理概论 [M]. 北京：国防工业出版社, 2009.

[10] 周长茂, 金万成, 杨青舟, 等. 大学生就业指导与创新创业教育 [M]. 北京：化学工业出版社, 2016.

[11] 杨少英. 促进当代大学生全面发展的教育实践路径 [M]. 哈尔滨：东北林业大学出版社, 2022.

[12] 罗双凤, 叶安珊. 教育管理学学习指导 [M]. 北京：中国人民大学出版社, 2011.

[13] 张瑜, 范晓慧, 金莹. 大学生创新创业教育理论与实践研究 [M]. 北京：中国书籍出版社, 2022.

[14] 李花,陈斌,陈鑫林,等.大学生职业发展规划与就业指导[M].北京:北京师范大学出版社,2012.

[15] 司晓宏.教育管理学论纲[M].北京:高等教育出版社,2009.

[16] 张胜洪.大学生心理健康与心理危机干预研究[M].北京:中国书籍出版社,2022.

[17] 赵海侠,郭婧萱.教育管理学[M].成都:电子科技大学出版社,2017.

[18] 罗双凤,叶安珊.教育管理学[M].北京:中国人民大学出版社2010.

[19] 高慧斌,陈如平.教师专业发展改革[M].济南:山东友谊出版社,2022.

[20] 张津凡,席文彪.心灵之光:大学生心理健康维护研究[M].北京:中国书籍出版社,2022.

[21] 陈孝彬.教育管理学[M].北京:北京师范大学出版社,1999.

[22] 杨元妍.高校教师专业发展生态论[M].北京:中国纺织出版社,2019.

[23] 王守恒,姚运标.教师管理论[M].芜湖:安徽师范大学出版社,2010.

[24] 司晓宏.教育管理学论纲[M].北京:高等教育出版社,2009.

[25] 孙山.地方高校学分制改革研究[M].成都:西南交通大学出版社,2009.

[26] 白芳.学生本位视角下大学生教育管理与实践探索[M].北京:中国水利水电出版社,2019.

[27] 全国高等教育自学考试指导委员会组,柯佑祥.高等教育管理自学辅导[M].上海:华东师范大学出版社,2002.

[28] 常思亮.教育管理学[M].长沙:湖南大学出版社,2006.

[29] 尹丽春,柳若愚,陈丽芬.现代教育管理论[M].长春:吉林大学出版社,2013.

[30] 戚万学.高等教育学[M].济南:山东大学出版社,2008.